빙글빙글
경제교실

으뜸과버금가는아이들

빙글빙글 경제교실

걸음마 지음

머리말

경제라고 하면 왠지 생소하고 어렵게 느끼는 친구들이 많아요. 경제는 나와 상관없다고 느낄 수도 있어요. 하지만 우리는 이미 경제활동을 하며 살아가고 있어요. 부모님께 받은 용돈을 모아 두었다가 친구들과 맛있는 떡볶이를 사 먹거나 갖고 싶었던 장난감을 사는 것이 경제 활동이에요. 이렇게 경제는 우리의 삶과 자연스럽게 연관된 모든 것이라고 할 수 있어요.

경제는 단순한 지식이 아닌 우리가 살아가는 세상이 움직이는 바탕이에요. 따라서 경제 공부는 선택이 아닌 필수이고, 올바른 경제관념과 지식을 통해 자신의 삶을 주도적으로 계획하고 인생을 설계하는 힘을 길러주지요.

[빙글빙글 경제교실]은 어렵고 딱딱한 경제 용어를 아이들이 쉽게 이해할 수 있도록 교과서에 자주 등장하는 용어를 중심으로 설명했어요. 단순한 개념 외우기가 아닌 꼭 알아야 할 경제 개념을 흥미롭게 풀어내 외우려고 애쓰지 않아도 자연스럽게 익힐 수 있을 거예요.

[빙글빙글 경제교실]을 통해 경제가 복잡하고 어려운 공부가 아닌 우리 생활과 밀접하게 연결되어 있음을 이해하고 경제 활동에 관심을 갖는 사람이 되길 응원합니다.

목차

초등교과연계

[사회 4-1] 촌락과 도시의 생활모습

[사회 4-2] 필요한 것의 생산과 교환

[사회 5-2] 사회의 새로운 변화와 오늘날의 우리

[사회 6-1] 우리나라의 경제 발전

경제가 뭐지?

1. 경제 기초 상식

화폐

물건의 교환과 유통을 편하게 하기 위해서
사용되는 교환 수단을 화폐라고 해요.

 오래전부터 사람들은 서로 필요한 물건을 교환할 때 값
어치를 매겼어요. 하지만 물건과 물건을 서로 교환하는
물물교환은 불편함이 컸지요. 감자와 생선을 교환한다
고 생각해 볼까요? 감자 2개에 생선 5마리를 바꾸면 생
선을 교환하는 사람은 손해라고 생각할 거예요. 그렇다
고 감자 100개와 바꾸자니 무겁기도 하고 감자가 너무
많아 썩어 버릴 수도 있지요.

 이처럼 물물교환의 불편함을 알게 된 사람들은 물건이
나 서비스를 조개껍데기, 금속, 뼈 등으로 교환해서 쓰기
시작했어요. 이후 기술이 발전하면서 금속에 무늬를 새겨
화폐, 즉 돈으로 사용하기 시작했답니다.

과거의 화폐   현재의 화폐

경제

경제는 우리가 생활하는 데 필요한 재화나 서비스를 만들고, 이용하는 모든 활동을 말해요.

우리가 생활하는 데 필요한 옷이나 음식 같은 물건을 재화라고 해요. 의사 선생님의 진료나 가수들의 공연, 학교 선생님의 수업과 같은 활동을 서비스라고 해요. 이러한 재화와 서비스를 만드는 생산, 나누는 분배, 이용하는 소비를 모두 경제 활동이라고 해요.

경제는 우리 친구들과 상관없는 것 같나요? 우리는 매일 경제 활동을 하고 있어요. 용돈으로 학용품을 사고 친구와 떡볶이를 사 먹고 버스와 지하철을 타는 일도 모두 경제 활동이랍니다.

희소성

사람들이 원하는 만큼의 충분한 자원을 사회가
갖고 있지 않은 상태를 희소성이라고 해요.

원하는 사람에 비하여 물건이 상대적으로 부족할 때
희소성이 높다고 표현해요. 맛있는 사과가 5개 있을 때,
100명의 사람이 모두 사과를 먹고 싶어 한다면 희소성이
높다고 말할 수 있어요.

하지만 똑같이 사과 5개가 있더라고 1명만 사과를 먹고
싶어 한다면 희소성이 높다고 볼 수 없어요.

경쟁

경쟁은 같은 목적을 두고 서로 앞서려고
다투는 것을 말해요.

 동네 과일 가게 두 군데에서 같은 과일을 판다면, 사람들은 좀 더 저렴하고 품질 좋은 과일을 사려고 할 거예요. 그러면 과일 가게 사장님들은 자기 가게 과일을 더 많이 팔기 위해 더 품질 좋고 저렴한 과일을 팔겠지요.

 이렇게 물건을 더 싸게 팔려는 노력이나 품질을 더 좋게 하려는 노력, 친절한 서비스를 제공하려는 노력을 경쟁이라고 해요. 이러한 경쟁은 경제를 발전시키는 데 도움을 준답니다.

재화와 서비스

재화는 사람이 바라는 것을 충족시켜 주는 모든 물건이에요. 재화를 만들거나 운반하는 데 제공하는 노동을 서비스라고 해요.

 재화는 집, 옷, 책, 음식처럼 눈으로 보고 만질 수 있는 물건 중 우리가 살아가는 데 필요한 것들을 말해요. 서비스는 다른 사람을 돕거나 여러 가지 일을 해주는 것을 말해요.

 교실 안에서 교과서, 연필, 지우개와 같이 만질 수 있는 물건들이 재화라면, 선생님께서 해 주시는 수업은 서비스예요.

재화

서비스

공급

공급은 사람들의 요구나 필요에 따라
물품 등을 제공하는 것을 말해요.

 재화와 서비스를 제공하는 것을 공급이라고 해요. 공급
활동을 하는 사람을 '공급자'라고 하고, 시장에 내보내는
재화와 서비스의 양을 '공급량'이라고 해요. 공급량은 가
격에 따라 변화해요. 예를 들어 1,000원에 팔던 과자가
500원으로 떨어진 경우, 공급자는 손해를 보며 팔고 싶
지 않으니 과자를 적게 만들 거예요. 반대로 과자 가격이
2,000원으로 오르면 더 많이 팔기 위해 과자를 많이 만
들겠지요.
 이렇게 가격에 따라 공급량이 변하는 관계를 '공급의 법
칙'이라고 해요.

과자 가격이 올랐으니
많이 만들어야지!

수요

수요는 어떤 재화나 서비스를 적당한 가격에
사려고 하는 욕구를 말해요.

 새로 나온 장난감이 있으면 어떤 마음이 드나요? 평소 무척 갖고 싶었던 장난감이라면 사고 싶은 마음이 생길 거예요. 이러한 마음을 경제 용어로 '수요'라고 해요. 사려고 하는 사람을 '수요자'라고 하고, 사려고 하는 상품의 양을 '수요량'이라고 해요. 수요량은 가격에 따라 변화해요.

 예를 들어 3,000원에 팔던 장난감을 1,000원에 판다면 훨씬 많은 사람이 살 거예요. 반대로 5,000원으로 가격을 올린다면 아무도 사지 않으려고 할 거예요. 이렇게 가격에 따라 수요량이 변하는 것을 '수요의 법칙'이라고 해요.

장난감 싸게 팔아요~
구경하세요!!

생산

생활에 필요한 각종 물건이나 서비스를
만드는 일을 생산이라고 해요.

의사 선생님이 환자를 진료하는 일, 공장에서 물건을 만
드는 일, 피자가게 주인이 피자를 만드는 일 등 생활에 필
요한 것을 만들어 내고 소득을 얻기 위한 일을 생산 활동
이라고 해요. 하지만 빨래, 설거지, 청소 등 집안일은 소
득이 없어도 살아가는 데 꼭 필요한 활동이므로 생산 활
동으로 포함해요. 마찬가지로 어려운 사람을 돕거나 마을
청소를 하는 등 봉사 활동 역시 소득이 없지만 생산 활동
이랍니다.

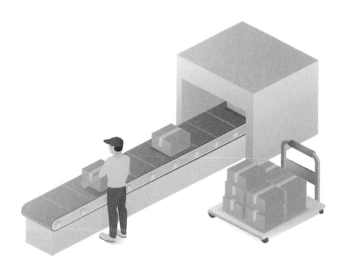

소득

생산 활동에 참여해서 얻는 금전적인
대가를 소득이라고 해요.

  소득은 경제 활동의 대가로 얻는 돈이에요. 소득은 얻는
방법에 따라 여러 가지로 나눌 수 있어요. 회사나 공장에
서 일을 하고 받는 근로 소득, 가게나 회사를 운영해서 얻
는 사업 소득, 재산을 이용해서 얻는 재산 소득, 연금이나
국가에서 받는 보조금 등의 이전 소득이 있어요.

가계

생활을 함께하면서 가정 살림을 하는
공동체를 가계라고 해요.

우리는 부모님이 열심히 일을 해서 얻은 소득으로 맛있는
음식을 먹고, 예쁜 옷도 사서 입어요. 대부분 가정은 일을
해서 얻은 근로 소득으로 생활에 필요한 물건을 사거나
서비스를 제공받는 소비 활동을 하지요.

이처럼 생활을 함께하면서 가정 살림을 하는 공동체를
가계라고 불러요.

시장

여러 가지 상품을 사고파는 장소로
재화와 서비스의 거래가 이루어지는
모든 곳을 시장이라 해요.

 경제 용어에서 시장은 채소나 생선 등을 사고파는 `재래
시장`보다 더 큰 의미가 있어요. 다른 나라의 돈을 사고파
는 외환 시장, 집이나 땅을 사고파는 부동산 시장, 회사
의 주인임을 나타내는 주식을 사고파는 주식 시장 등 물
건이나 서비스를 사려는 사람과 팔려는 사람이 만나서
사고파는 일이 일어나는 모든 곳을 시장이라고 해요.

소비

소비는 생활에 필요한 물건이나 서비스를
구매하는 활동을 말해요.

우리는 문구점에서 스케치북을 사고, 분식집에서 떡볶이
를 사 먹고, 미용실에서 머리 손질을 받아요. 이처럼 돈을
써서 무언가를 얻는 활동을 소비라고 해요.

우리가 사용할 수 있는 돈은 한정적이기 때문에 적은 비
용으로 가장 큰 만족을 얻을 수 있는 합리적인 소비가 필
요해요.

자산

자산은 개인이나 기업이 가지고 있는
가치가 있는 것들을 말해요.

자산은 재산과 비슷한 말이에요. 가지고 있는 땅, 아파
트, 물건, 자동차, 현금, 주식, 보석 등이 있어요.

돈뿐만 아니라 돈으로 바꿀 수 있는 가치를 가지고 있는
모든 것들을 자산이라고 할 수 있어요.

부채

부채는 갚아야 할 돈을 갚지 못해
빚을 지고 있는 것을 말해요.

부채는 다른 사람에게 빚을 지고 있는 것 또는 그 빚을
말해요. 친구에게 10,000원을 빌린 뒤 갚지 못하고 있으
면 10,000원은 부채가 돼요.

친구에게 빌린 돈을 돌려주면 부채를 갚았다고 말해요.

분업

생산 과정을 여러 사람이 분담해 일을
완성하는 것을 분업이라고 해요.

 분업은 여러 사람이 일정한 일을 맡아서 전문적으로 하
는 것을 의미해요. 집을 지을 때 자재를 나르는 것부터 벽
돌 쌓기, 페인트칠까지 모든 일을 한 사람이 한다면 시간
이 오래 걸릴 거예요. 하지만 자재를 나르는 사람, 벽돌만
쌓는 사람, 페인트칠하는 사람이 각자 맡은 일을 나누어
서 한다면 훨씬 빠르게 끝낼 수 있어요.

 이처럼 과정이 복잡한 일을 할 때 여러 사람이 할 일을
나누어 각자의 일에 집중하면 효과적으로 일할 수 있어
요.

기회비용

여러 가지 중에서 한 가지를 선택할 때 나머지 포기한 것에 대한 대가를 기회비용이라 해요.

주말에 가족들과 여행을 갈 것인지 친구들과 영화를 보러 갈 것인지를 두고 고민하다가 가족과 여행을 가기로 했다면 친구들과 영화를 보러 가는 것을 포기해야 해요.

이렇게 하나를 선택하면 포기한 것 중에서 가장 아쉽고 아까운 것의 가치를 기회비용이라고 해요. 기회비용은 돈이나 시간이 한정되어 있기 때문에 생긴답니다.

경기

매매 거래에 나타나는 호황이나 불황 같은
경제 활동 상태를 경기라고 해요.

재화나 서비스를 사고파는 일이 활발하게 이루어질 때
와, 그렇지 않은 때가 있어요. 활발하게 이루어질 때를 호
황이라고 하고 반대의 경우는 불황이라고 해요.

경기는 호황, 불황과 같은 경제 활동 상태를 말해요. 호
황일 때를 경기가 좋다, 불황일 때를 경기가 나쁘다고 말
하기도 해요.

호황   불황

기업

기업은 물건을 만들어 팔거나 서비스를
제공하여 이윤을 얻는 조직체를 말해요.

기업은 흔히 '회사'라고도 불러요. 기업은 돈을 벌기 위해,
즉 이윤을 남기기 위해서 생활에 필요한 물건인 재화를
만들어 판매하거나 서비스를 제공해요.

기업은 재화와 서비스를 생산하는 사람이 필요하기 때
문에 일자리를 만들고, 사람들은 그 일자리를 통해 돈을
벌어요. 이러한 기업 활동은 지역과 국가 발전에도 도움
이 된답니다.

직업

생활에 필요한 돈을 벌기 위해 일정한 기간 동안
계속해서 일하는 것을 직업이라고 해요.

 필요한 물건을 사거나 서비스를 이용하기 위해서는 돈이
필요해요. 돈은 일을 해야 벌 수 있기 때문에 돈을 벌 수
있는 직업은 매우 중요해요.

 직업은 시간이 흐르고 기술이 발전하면서 없어지거나 새
로 생기기도 해요. 버스 안내원, 전화 교환원 등이 없어진
직업이라면, 데이터 분석사, 반려동물 관리사 등은 새로
생긴 직업이지요.

 그래서 평생 한 직업을 갖는 것이 아니라 여러 가지 직업
을 가질 수도 있답니다.

근로자

기업에서 일을 하고 그 대가를 받는
사람을 근로자라고 해요.

　근로자는 기업에서 일을 하고 그 대가를 받는 사람을 말
해요. 노동의 대가로 돈을 받기 때문에 '노동자'라고도 해
요. 근로자는 일을 해서 돈을 벌기도 하지만, 일을 통해
자신의 꿈을 펼치고 보람과 행복을 찾기도 한답니다.

이윤

물건이나 서비스를 생산 판매하여 얻게 되는
순수한 이익을 이윤이라고 해요.

 물건이나 서비스를 생산하고 판매한 수입에서 만들 때
들어간 비용을 뺀 금액을 이윤이라고 해요. 기업에서는 이
윤을 많이 남기기 위해 노력해요.

 하지만 이윤을 남기려고 만들 때 들어가는 비용을 무리해
서 줄이려다 보면 근로자에게 주는 돈이 줄어들어 갈등이
생기거나, 생산 과정에서 발생한 각종 쓰레기를 제대로
처리하지 않아 환경 문제가 발생하는 등 사회적인 문제
가 생길 수 있어요.

유통

만들어진 물건이 물건을 사서 사용하는 사람에게 전달되기까지의 과정을 유통이라고 해요.

 우리가 직접 찾아가지 않아도 제주에서 난 감귤, 벌교에서 잡은 꼬막 등 각종 농수산물을 가까운 시장에서 만날 수 있어요. 또 다른 지역에서 만들어진 각종 제품도 살 수 있지요.

 내가 사는 지역에서 이처럼 쉽게 물건을 살 수 있는 건 유통 덕분이에요. 생산자들이 만든 물건이 유통되어 소비자인 우리가 쉽게 받을 수 있답니다.

독과점

독과점은 독점과 과점을 합친 말로, 일부 기업이 생산을 다 차지하고 있는 상태를 말해요.

몇몇 사람만 과일을 팔 수 있다면 과일 가격은 어떻게 될까요? 과일 가격을 원하는 대로 비싸게 팔 거예요. 사람들은 그 사람한테서만 과일을 살 수 있으니 비싸더라도 돈을 더 주고 사겠지요.

이렇게 특정 물건을 소수가 지배하고 있는 것을 독과점이라고 해요. 하나의 기업이 시장을 차지한다는 의미의 '독점'과 경쟁자가 있지만 적은 '과점'을 합친 말이에요. 경쟁이 없으면 품질은 나쁜데 가격이 비싸도 할 수 없이 사게 돼요. 그래서 나라에서는 독과점을 막고자 노력한답니다.

통화량

통화량은 나라 안에서 실제 사용하고 있는
돈의 양을 의미해요.

 통화량은 전체 돈의 양을 말해요. 통화량이 많으면 돈이
흔해져서 돈의 가치가 떨어지고, 대신에 돈으로 살 수 있
는 물건값이 올라가요. 반대로 통화량이 적으면 물건을
만들기 위한 돈이 부족해서 경제 활동이 잘 이루어지지
않는 문제가 생겨요. 그래서 각 나라에서는 통화량이 적
정 수준을 유지하도록 노력해요.

 우리나라는 중앙은행인 한국은행에서 통화량을 조절하
여 시장을 안정시키는 역할을 해요.

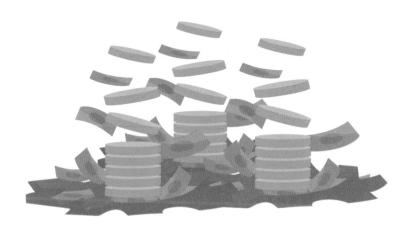

금융

금융이란 돈을 빌리고 빌려주는 것을 통해
경제 활동이 계속 이뤄지도록 하는 것을 말해요.

금융은 '금전의 융통'이라는 뜻으로, 돈을 빌리고 빌려주는 것을 말해요. 돈은 남는 사람도 있지만 부족한 사람도 있어요. 그래서 여유가 있는 사람들은 은행과 같은 금융기관에 돈을 맡기면 돈이 필요한 사람들은 이자를 내고 이 돈을 빌려서 사용해요. 이러한 활동을 금융이라고 해요.

부업

주로 돈을 버는 직업 외에 남는 시간을 이용해
돈을 더 벌기 위해 하는 또 다른 일을
부업이라고 해요.

 대부분의 사람은 돈을 벌기 위해 직업을 가지고 일을 해요. 부업은 자신의 원래 직업 외에 추가로 돈을 벌기 위해서 하는 또 다른 일을 말해요. 낮에는 회사에서 일을 하고 밤에는 음식 배달을 한다면 음식 배달하는 일은 부업이에요. 요즘에는 평범한 회사에 다니면서 사진 촬영이나 영상편집 등 다양한 창작활동을 취미이자 부업으로 하는 사람도 많이 있어요.

일상에서 만나는 경제

2. 일반 경제

현금

정부나 중앙은행에서 발행하는 지폐, 동전과 같이 물건을 살 수 있는 돈을 현금이라고 해요.

 100원, 500원, 1천 원, 1만 원 등 우리가 흔히 알고 있는 돈을 현금이라고 해요. 우리가 필요한 물건은 현금을 사용하면 바로 살 수 있어요. 하지만 현금은 잃어버릴 수도 있고, 많이 들고 다니기에는 여러 문제가 있어요. 또 현금인 지폐나 동전을 만들고, 손상된 돈을 수거하는 데 비용이 많이 발생하지요. 그래서 현금 대신 카드나 스마트폰을 이용한 간편 결제를 이용하는 등 전 세계적으로 현금 없는 사회가 되어가고 있어요.

현금 영수증

현금 영수증은 현금으로 물건을 사면 주는 영수증으로, 언제 어디서 얼마를 결제했는지 국세청으로 전달돼요.

현금 영수증 제도는 현금으로 물건 또는 서비스를 구매했다는 사실을 영수증 발급을 통해 증명할 수 있도록 법으로 정해 놓은 것을 말해요.

현금 영수증 제도는 거래 금액을 정확히 파악하여 탈세를 방지하고 소득에 맞는 정당한 세금을 거두기 위해 생겼어요.

용돈

용돈은 개인이 사용하기 위해 가지고 있는,
마음대로 쓸 수 있는 돈을 말해요.

 용돈은 친구들과 함께 떡볶이를 사 먹거나, 문구점에서 학용품을 사는 등 자유롭게 쓸 수 있는 돈을 말해요. 용돈은 우리 친구들이 경제 활동을 경험할 수 있도록 부모님이 주신 돈이지요.

 직접 용돈을 써 보는 활동을 통해 주어진 돈을 어떻게 잘 써야 하는지 방법을 알아갈 수 있어요. 용돈을 잘 쓰는 것이 곧 경제 공부를 하는 거랍니다.

용돈 기입장

용돈 기입장은 용돈을 언제, 어떤 곳에, 얼마만큼 사용했는지 적어 놓은 공책을 말해요.

부모님이 주신 용돈으로 무엇을 사는 데 썼는지 다 기억하기란 쉬운 일이 아니에요. 시간이 지날수록 더 기억하기 어렵지요. 그래서 돈을 어디에 썼는지 알 수 있도록 용돈 기입장을 쓰는 게 좋아요.

용돈 기입장을 쓰면 올바른 소비 습관이 만들어지고, 돈을 알뜰하고 현명하게 쓰고 절약하는 습관을 키울 수 있어요.

은행

은행은 개인이나 기업으로부터 예금을 받아
그 돈으로 다른 개인이나 기업에 대출 등
다양한 금융 서비스를 제공하는 금융기관이에요.

은행은 개인이나 기업이 저축한 돈을 모아서 돈이 필요한 다른 개인이나 기업에 이자를 받고 빌려줘요. 또 사람들이 저축한 돈을 투자하여 돈을 늘린 다음 돈을 맡긴 대가로 이자를 나눠주지요.

은행의 이러한 금융 서비스를 통해 일자리가 늘어나고 경제가 활발해지는 데 도움이 된답니다.

저축

돈을 함부로 쓰지 않고 절약하여
모아 두는 것을 저축이라고 해요.

 돈을 쓰지 않고 모으는 것을 저축이라고 해요. 부모님에게 받은 용돈을 쓰고 남은 돈을 저축하면 나중에 돈이 필요할 때 쓸 수 있지요.

 돈은 집에서 모을 수도 있지만, 많은 사람이 은행에 찾아가 저축을 해요. 은행에 저축하면 안전하고, 이자를 받을 수 있기 때문이지요.

이자

돈을 빌리거나 맡겼을 때 대가로
붙는 돈을 이자라고 해요.

 은행에 돈을 맡기면 은행은 돈이 필요한 사람이나 회사에 이 돈을 빌려줘요. 은행은 이들에게 돈을 빌려주고 대가로 이자를 받는데 이 중 일부를 돈을 맡긴 사람에게 주지요. 돈을 맡긴 사람은 이자를 얻어서 좋고, 돈이 필요한 사람은 이자를 내지만 안전하게 돈을 빌릴 수 있어서 좋고, 은행은 이익을 챙길 수 있어서 좋아요.

예금

은행에 돈을 맡기는 일, 또는 맡긴 돈을
예금이라고 해요.

 우리 친구들은 쓰고 남은 용돈을 저금통에 모으거나 은행에 저축하나요? 은행에 돈을 맡기는 것을 예금이라고 해요. 예금의 종류는 은행에 돈을 어떤 형태로 맡기느냐에 따라 달라요. 용돈처럼 자주 사용하는 돈은 맡기는 기간이 짧고 돈을 찾는 게 자유로운 보통 예금으로 맡겨요. 보통 예금은 편리하고 돈을 맡기고 찾는 게 자유로운 만큼 많은 사람이 이용해요.

정기 예금

정해진 기간 동안 돈을 찾지 않기로 약속하고
은행에 맡기는 저축이에요.

정기 예금은 큰돈을 한꺼번에 맡기고, 정해진 기간이 지
난 다음에 약속한 이자와 함께 찾을 수 있는 저축이에요.
주로 3개월 단위로 가입할 수 있고, 오래 맡길수록 더 높
은 이자를 받을 수 있어요. 대신 중간에 돈이 필요해서 돈
을 찾는다면 받기로 한 이자를 전부 받지는 못한다는 단
점도 있어요.

정기 적금

매달 일정한 돈을 정해진 기간 동안 저금한 뒤,
약속한 이자를 받는 저축이에요.

 저축에는 여러 가지 종류가 있어요. 정기적금은 저축의
한 종류로 정해진 기간 동안 정해진 돈을 저금하고 약속
한 이자를 받는 저축이에요. 은행 입장에서 볼 때 정기적
금은 매월 정해진 돈이 확실하게 들어오기 때문에 안정된
돈의 흐름을 만들 수 있는 중요한 금융 상품이에요.

대출

돈이나 물건을 빌려주거나 빌리는 것을
대출이라고 해요.

 은행은 돈이 필요한 사람에게 이자를 받고 돈을 빌려주
는데 그걸 대출이라고 해요. 대출은 돈을 빌리는 사람의
재산이나 능력을 맡기고 돈을 빌리는 거예요. 집이나 땅
또는 매달 안정적으로 돈을 받는 직업과 같이 돈을 갚을
능력을 갖추고 있음을 보여줘야 대출을 받을 수 있어요.

채권과 채무

채권은 빌려준 돈을 받을 권리를,
채무는 빌린 돈을 갚아야 할 의무를 의미해요.

돈을 빌려주면 받을 수 있는 권리가 생겨요. 이를 채권이라고 하고, 그 채권을 가진 사람을 채권자라고 해요. 반대로 돈을 빌리면 갚아야 할 의무가 생기지요. 이는 빚, 채무라고 하고 채무를 가진 사람을 채무자라고 해요. 은행에서 돈을 빌려주었다면 채권자는 은행이에요.

채권자   채무자

금리

금리란 대출이나 예금 등에 붙는 이자를
비율로 표시한 것으로, 이자율이라고도 해요.

은행에 돈을 맡기거나 빌릴 때 돈에 대한 이자의 양을 이
자율 또는 금리라고 해요. 금리는 우리 생활에 다양한 영
향을 줘요. 금리가 올라가면 소비보다는 저축을 늘리게
되고 반대로 금리가 내려가면 사람들의 소비는 늘고 저축
을 줄어들지요.

이처럼 금리가 경제에 미치는 영향이 크기 때문에 나라
에서는 금리 변화를 주의 깊게 관찰하고 금리를 조절한답
니다.

인터넷 뱅킹

인터넷을 사용하여 은행 업무를
처리하는 일을 말해요.

 예전에는 돈을 맡기거나 되찾는 일, 돈을 빌리는 일 등을
직접 은행에 가서 은행 직원을 만나 처리해야 했어요. 하
지만 인터넷 기술의 발전으로 인터넷 뱅킹 서비스가 시작
되었고, 직접 은행에 가지 않고도 해외로 돈을 보내거나,
카드를 만들고 없애거나, 공과금을 내는 일 등을 할 수 있
게 되었어요. 요즘은 휴대전화로 은행 업무를 볼 수 있는
모바일 뱅킹 서비스도 많이 이용해요. 인터넷 뱅킹은 편
하지만 비밀번호 관리를 잘해야 하고, 보안이 허술한 공
용 컴퓨터에서는 인터넷 뱅킹을 해선 안 돼요.

계좌 이체

계좌 이체는 계좌에서 다른 계좌로
돈을 옮겨 보내는 것을 말해요.

 계좌는 흔히 은행에서 저축을 하기 위해 만든 통장을 말해요. 계좌 이체는 이러한 통장이나 계좌에 있는 돈을 다른 계좌로 옮기는 것을 의미해요. 계좌 이체를 통해 큰돈을 은행에서 찾아서 직접 옮기지 않고 안전하게 옮길 수 있지요. 요즘에는 인터넷 뱅킹이나 모바일 뱅킹으로 더 쉽고 간편하게 계좌 이체를 할 수 있어요.

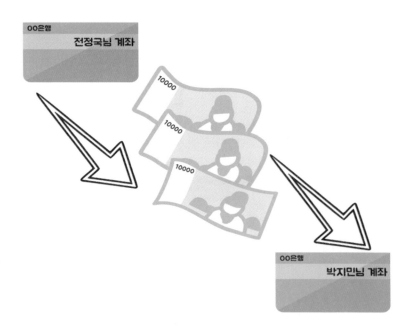

가격

재화나 서비스가 지니고 있는 가치를
돈으로 나타낸 것을 가격이라고 해요.

 가격은 물건이 가지고 있는 가치를 돈으로 나타낸 것을
말해요. 우리 생활 속에서 물건 하나를 구입할 때 내야 하
는 금액을 돈의 양으로 나타내요. 예를 들어 과자를 살 때
1,000원이 필요하다면 그 과자의 가격은 1,000원이 되
는 거지요. 가격은 물건의 가치에 따라 오르기도 하고 내
리기도 해요. 귤이 많이 생산되는 1월에는 귤의 가치가 낮
아져서 가격이 싸지만, 생산량이 줄어드는 3~4월에는
가격이 오르지요. 가격은 물건뿐 아니라 건물, 사람이 한
일 등에도 매길 수 있어요.

세금

국가를 유지하고 국민 생활의 발전을 위해
국민들의 소득 일부분을 국가에 납부하는
돈을 세금이라고 해요.

대한민국 국민이라면 누구나 국가에 세금을 내야 할 의무가 있어요. 개인이나 기업은 소득의 일부를 나라에 세금으로 내지요. 소득이 높으면 세금을 많이 내고, 소득이 적으면 세금을 적게 내요. 또 태풍이나 장마 등으로 피해를 보았을 경우 세금을 감면해 주기도 하지요. 세금은 국민을 위해 필요한 건물이나 도로를 만들거나, 나라를 지키는 군대, 안전을 지키는 경찰서와 소방서 등에 사용돼요.

공과금

나라나 공공 단체가 국민에게
내도록 하는 비용을 공과금이라고 해요.

공과금은 나라나 공공 단체가 국민에게 내도록 하는 비용이에요. 기본적으로 세금과 전기 요금, 가스 요금, 수도 요금, 벌금 등이 있어요. 공과금은 은행에 직접 방문하거나, 인터넷 뱅킹 등으로 납부할 수 있어요.

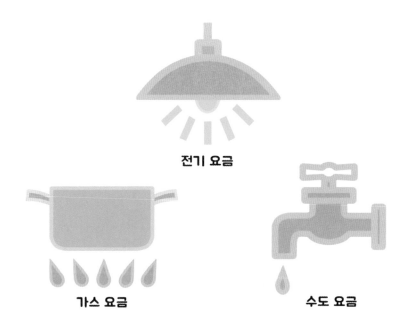

전기 요금

가스 요금

수도 요금

급여

일을 한 대가로 받는 돈을 급여라고 해요.

 학교를 졸업하고 직업을 갖고 일하는 큰 목적 중 하나가 돈을 번다는 거예요. 우리가 일상생활을 하기 위해서는 돈이 필요하기 때문이지요. 급여는 노동력의 대가, 즉 일을 한 대가로 받는 돈을 말해요. 급여와 비슷한 말로 임금, 보수 등이 있어요.

광고

광고는 사람들에게 물건을 팔기 위해
장점과 특징을 알리는 일이에요.

 아침에 일어나서 잠들기 전까지 우리가 보려고 하지 않아도 수많은 광고를 듣고 보게 돼요. 광고는 기업에서 자신들이 만든 제품을 사람들에게 알리기 위해 만든 거예요. 광고를 보고 물건을 사기 전에 상품에 대한 가격이나 기능, 성능 같은 정보를 알 수 있지요. 하지만 광고에 나오는 정보를 다 믿으면 안 돼요. 때때로 허위 사실을 알려주거나 과장해서 광고를 하는 경우도 많기 때문이에요. 광고를 본 이후엔 물건의 품질을 꼼꼼히 따져 보고 구입해야 현명한 소비를 할 수 있답니다.

교류

자원이나 물건, 문화나 사상을 서로 주고받는 일을 교류라고 해요.

 교류는 지역과 지역, 나라와 나라 사이에 물건이나 자원, 문화 등을 주고받는 일을 말해요. 마트에서 필리핀에서 나온 바나나나 중국에서 만들어진 신발을 사는 것처럼 이웃 나라에서 만들어진 물건을 받고, 우리나라에서 만들어진 반도체 같은 물건을 이웃 나라에 주는 걸 경제적 교류라고 해요. 우리나라에서 미국에서 만든 영화를 보고, 미국에서 우리나라 가수의 음악을 듣는 것은 문화 교류라고 해요. 이러한 교류를 통해 지역과 나라가 더욱 발전할 수 있어요.

교통수단

자동차, 배, 비행기처럼 사람이 이동하거나 짐을 옮기는 데 쓰는 수단을 교통수단이라고 해요.

 자전거, 자동차, 배, 기차, 비행기처럼 사람이 이동하거나 짐을 옮기는데 도와주는 수단을 말해요. 옛날에는 걸어 다니거나 수레, 나무배, 마차 등 동물과 자연의 힘을 이용한 교통수단을 주로 이용했어요.

 오늘날에는 기술 발달로 교통수단이 다양해져서 지역 및 나라 간의 교류가 활발해지고 우리 생활에도 많이 편해졌어요.

마일리지

상품 구입 금액 또는 방문 횟수 등에 따라
계산된 점수를 고객에게 제공하는 서비스를
마일리지라고 해요.

처음에 마일리지는 비행기를 이용하는 사람들에게 이동한 거리만큼을 점수로 계산해 적립해 주는 제도였어요. 요즘에는 비행기 말고도 특정 가게를 이용하거나, 카드를 사용하면 마일리지를 쌓을 수 있는 제도가 많아졌어요. 이렇게 쌓인 마일리지는 마일리지만큼 물건값을 할인해 주거나, 현금처럼 쓸 수 있어요.

매매

물건을 사고파는 것을 매매라고 해요.

물건을 사고파는 것을 말해요. 물건을 사는 것을 매수라고 하고, 물건을 파는 것을 매도라고 해요. 물건을 사고파는 것 모두를 매매라고 해요.

물가

물건이나 서비스의 평균 가격을 물가라고 해요.

 짜장면이 100원이라면 믿어지나요? 1970년대는 짜장면이 100원이었어요. 2023년에는 짜장면 가격이 평균 6,361원으로 약 50년 동안 무려 60배가 넘게 올랐어요. 이렇게 가격이 오른 이유는 물가가 변했기 때문이에요. 물가는 시장에서 사고파는 물건이나 서비스 가격의 평균적인 수준과 오르내림을 나타내는 것을 말해요. 물가는 통화량과 관련이 있어요. 통화량이 늘면 화폐 가치가 떨어지고 물가가 올라간답니다.

물물 교환

물물교환은 필요한 물건을 얻기 위해
가지고 있는 물건과 바꾸는 것을 말해요.

 아주 오래전 사람들은 필요한 물건을 어떻게 구했을까
요? 화폐가 없던 옛날 사람들은 필요한 물건을 모두 물물
교환을 통해 얻었어요. 하지만 필요한 물건을 모두 물건
을 바꿔서 구할 수는 없었지요. 그래서 사람들은 돈을 만
들어 사용하기 시작했어요.

보이스 피싱

보이스 피싱은 전화로 개인 정보를 빼내거나
돈을 보내게 하여 가로채는 범죄예요.

 보이스 피싱은 목소리라는 뜻을 가진 '보이스(Voice)'와 '개인 정보(Private data)'와 '낚시(Fishing)'를 뜻하는 단어에서 만들어진 '피싱(Phishing)'을 합친 말로 전화 금융 사기라고도 해요. 전화로 카드 번호나 개인 정보를 알아낸 뒤에 이를 범죄에 이용하지요. 가족이나 친구인 척 속여 돈을 빌려달라고 하기도 하고, 세금을 돌려주겠다며 개인 정보를 요구하기도 해요. 이러한 범죄는 방법이 점점 다양해져서 사기를 당하는 사람들이 늘고 있으니 조심해야 해요.

보험

보험은 경제적 손해에 대비해서 일정한 돈을 모아 놓았다가 사고가 생겼을 때 일정 금액을 주는 제도를 말해요.

보험은 뜻하지 않은 위험에 대비해서 여러 사람이 서로 돈을 모아 공동의 재산을 모아 두고, 사고를 당한 사람을 도와주는 제도를 말해요. 사고에 대비하여 보험에 가입하고 보험료를 내면, 질병이나 사고가 발생했을 때 보험회사에서는 약속한 금액을 보상해요.

상품권

돈은 아니지만 적혀있는 가격만큼
상품을 살 수 있는 것을 상품권이라고 해요.

돈과 같이 물건을 살 수 있는 상품권은 주로 백화점이나 대기업 등에서 만들어요. 돈과 다른 점은 정해진 상점에서만 살 수 있어요. 요즘은 종이가 아닌 모바일 상품권도 많이 사용해요. 상품권은 가족이나 친구 등 고마운 사람에게 선물하기에 좋아요. 하지만 정해진 장소에서만 사용할 수 있고, 현금으로 받고 싶을 땐 일정 금액 이상을 꼭 사용해야 하는 등 여러 가지 불편한 점도 있어요.

수표

수표는 많은 양의 현금을 대신하는 유가 증권을 말해요.

 유가 증권은 수표나 상품권 등 돈과 같은 가치가 있는 것들을 말해요. 수표는 큰돈을 대신하는 종이예요. 아무리 가볍고 얇은 지폐라고 해도 액수가 커지면 가지고 다니기 어렵기 때문에 큰돈이 필요할 때는 수표를 사용하지요. 수표는 일종의 약속과 같아서 신용이 확실해야 은행에서 수표를 만들어줘요. 수표를 사용하기 위해서는 신분을 밝히고 연락처도 적어야 해요.

신용

신용이란 사람을 믿는다는 뜻으로, 경제에서
신용은 어떤 사람이 돈을 갚을 수 있는
능력이 있는지를 말해요.

신용은 사람과 사람 사이의 믿음을 나타내는 말이에요.
경제생활에서 신용은 돈을 빌려 쓰거나 물건이나 서비스
를 사용한 뒤, 약속한 날짜에 갚을 수 있는 능력을 말해
요. 예를 들어 평소 친구들에게 물건을 빌려 사용하고 제
때 잘 돌려준다면, 다음에도 물건을 빌리는 데 어려움이
없을 거예요. 친구들 사이에서 신용이 높아졌기 때문이지
요. 이처럼 은행에서 돈을 빌렸는데 제때 못 갚는다면 신
용을 잃은 사람으로 분류되어 돈을 더 빌릴 수 없어요. 또
한 신용을 잃은 사람으로 분류된다면 다른 경제활동을
하는 데도 어려움이 생긴답니다.

신용 카드

신용 카드는 사람의 신용을 이용하여 돈 없이도 물건이나 서비스를 살 수 있는 제도예요.

신용 카드는 카드를 사용하는 사람의 신용을 믿고 먼저 물건이나 서비스를 살 수 있도록 하는 제도예요. 신용 카드는 카드 회사에 돈을 갚을 능력이 있는 사람에게만 만들어 주고 있어요. 신용 카드를 이용한 금액은 한 달에 한 번 정해진 날짜에 신용 카드 회사에 내면 돼요.

원산지

동식물이 맨 처음 자라난 곳이나
어떤 물건의 생산지를 원산지라고 해요.

 원산지란 물건의 생산지로 원산지를 보면 그 재료나 물건이 어디에서 만들어졌는지 알 수 있어요. 생산지는 어떤 물품을 만들어 내는 곳을 말해요. 원산지와 생산지가 비슷한 것 같지만 약간의 차이가 있어요. 예를 들어 참치 통조림을 샀을 때 '원산지 : 태평양, 생산지 : 국내산'으로 표시된 걸 볼 수 있어요. 원료는 태평양에서 잡은 참치이고, 그 참치를 우리나라에서 통조림으로 만들었다는 뜻이에요. 같은 물건도 어디서 생산되었는지에 따라 가격이 다르기 때문에 원산지를 잘 확인하는 것이 좋아요.

원산지 : 태평양
생산지 : 국내산

유통기한

유통기한은 시장에서 판매할 수 있도록 정한 기한이에요.

 유통기한은 식품이 만들어지고 나서 유통될 수 있는 기간을 의미해요. 유통기한을 넘긴 식품은 상하거나 맛이 변할 수 있기 때문에 판매할 수 없고, 유통기한이 지난 식품은 가급적 안 먹는 게 좋아요. 하지만 구매 뒤 보관 조건을 잘 지킨다면 유통기한이 지나도 사용하거나 먹을 수 있는 제품도 많아요. 그래서 유통기한은 지났지만, 사용해도 안전상 문제가 없는 기한인 소비기한도 표기하게 되었어요.

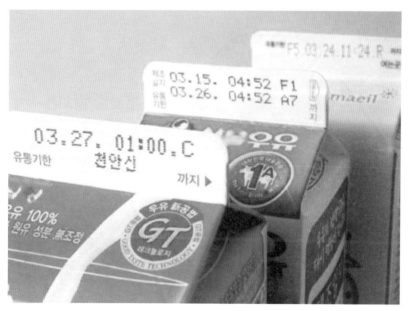

저작권

저작권은 자신이 만든 책, 노래, 영화, 그림 등
저작물에 대해 갖는 권리를 말해요.

책, 노래, 영화, 그림과 같은 창작물은 만든 이의 노력과
재능, 시간이 담긴 소중한 거예요. 그런데 사람들이 돈을
내지 않고 인터넷에서 불법으로 책이나 노래, 영화 등을
구해서 공짜로 본다면 창작물을 만든 사람들은 돈을 벌지
못해요. 결국 이들은 더 이상 새로운 창작물을 만들지 못
하고, 사람들도 좋은 책이나 노래, 영화를 접할 기회를 놓
치게 되지요. 저작권은 창작물의 가치를 인정하고 만든
사람의 권리를 보호하기 위해 만들어졌어요.

불법 다운로드 금지!!

정보

정보는 여러 가지 사실이나 자료를 이용하여
어떤 목적에 맞게 정리된 지식을 말해요.

 정보는 어떤 문제를 해결하거나 결정할 때 도움이 되는
지식이나 자료 등을 말해요. 과거에는 정보를 찾으려면
도서관에 가서 전문 서적이나 백과사전을 찾아야 했어
요. 하지만 지금은 컴퓨터나 스마트폰을 통해 인터넷에서
쉽게 정보를 찾을 수 있지요. 인터넷을 통해 사람들이 소
통하면서 가치 있는 정보를 찾아 공유하고, 얻은 정보를
모아 활용해서 다시 새로운 정보를 만드는 정보 사회가
만들어졌어요.

투자

이익을 얻을 목적으로 돈이나 시간, 노력을
들이는 일을 투자라고 해요.

 이익을 얻을 목적으로 돈이나 시간, 노력을 들이는 일을
투자라고 해요. 은행에서 받는 이자보다 더 많은 이익을
위해 적극적으로 돈을 불려 나가는 것도 투자라고 해요.
건물을 사서 다른 사람에게 빌려주어 돈을 벌 수도 있고,
앞으로 더 잘 될 가능성이 있는 회사에 돈을 빌려주고 버
는 것도 투자예요. 이에 비해 오직 이익을 추구할 목적으
로 위험이 큰 상품을 구입하는 것은 투기라고 해요.

주식

주식은 기업이 필요한 돈을 받기 위해
투자자로부터 돈을 받고 발행하는 증서예요.

 규모가 큰 회사나 공장을 만들고 운영하기 위해서는 큰
돈이 필요해요. 그런데 은행에서 큰돈을 전부 빌리면 이자
가 부담스럽지요. 그래서 기업은 주식을 발행하여 회사에
투자할 사람들을 모으는 거예요. 대신 그 사람들에게는
주식에 투자한 금액만큼 회사의 소유권을 나누어 주지요.
즉, 주식은 회사에 대한 권리와 마찬가지예요. 주식을 하
나라도 가진 사람을 주주라고 부르는데, 그 기업의 주인
이 되었다는 의미예요.

xx회사   정기주주총회

펀드

여러 사람의 돈을 모아 기업에
투자하는 일을 펀드라고 해요.

 여러 사람의 돈을 모아 투자하고, 이익을 나누어 갖는 투자 방법을 펀드라고 해요. 내가 직접 투자하는 주식과 달리, 펀드는 여러 사람의 돈을 모아서 하는 투자이기 때문에 전문가인 '펀드 매니저'가 투자를 대신해요. 펀드 매니저에게 비용을 지불해야 하지만, 투자는 하고 싶은데 시간이 없거나 어느 회사에 투자해야 할지 잘 모를 때 도움을 받을 수 있어요.

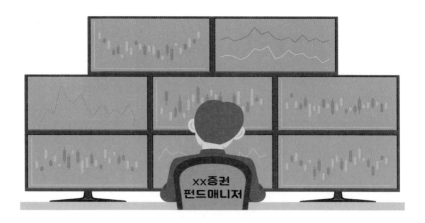

할부

할부는 물건값을 여러 번으로
나누어 내는 것을 말해요.

 자동차나 냉장고, 에어컨 같은 비싼 물건을 살 때, 돈을 한 번에 내는 것이 부담스러우면 여러 번으로 나누어 낼 수 있어요. 에어컨을 6개월 할부로 샀다고 하면, 에어컨값을 6개월에 나눠서 내겠다는 의미예요. 할부는 물건값을 나눠서 내는 대신 이자가 붙어서 이자만큼의 돈을 더 내야 해요. 그래서 정해진 기간 동안 이자를 받지 않고 나누어 낼 수 있게 해 주는 '무이자 할부'와 같은 행사를 하기도 해요.

자동차 할부서비스 광고 예시

할인

할인은 물건값을 깎아서 사고파는 것을 말해요.

 시장에 가면 '재고 정리 50% 세일'과 문구를 본 적 있나요? 할인은 물건값을 원래보다 싸게 사고파는 것을 말해요. 할인을 하는 이유는 유행이 지났거나, 사용하는 계절이 지난 상품을 보관하는 것보다 저렴한 가격에 판매하는 것이 판매자 입장에서는 더 이득이기 때문이에요. 물건값에서 얼마만큼을 깎아주는지를 '할인율'이라고 해요. 50% 할인한다는 것은 원래의 가격을 100이라고 했을 때 50만큼 깎아 준다는 뜻이에요.

환불

지불한 돈을 다시 돌려주는 것을 환불이라고 해요.

 판매한 물건이나 서비스 가격의 일부나 전부를 돌려주는 것을 환불이라고 해요. 내가 구입한 물건이 불량품일 때와 같이 특별한 경우 다시 돈으로 돌려받을 수 있지요. 환불을 받기 위해서는 구입한 상품의 영수증이 필요해요. 그래서 물건을 사면 영수증을 보관하는 습관을 들이는 것이 좋아요.

구매한 옷이 불량이네요.
환불해 주세요.

똑똑하게 경제 신문 읽기

3. 시사 경제

국가 예산

국가 예산은 1년 동안 국가에서 필요한 비용을
계산하고 계획하는 것을 말해요.

예산은 필요한 비용을 미리 헤아려 계산하는 것을 말해요. 정부에서 1년 동안 나라 살림에 대해 필요한 수입과 지출에 대한 계획을 미리 세워두는데 이것을 국가 예산이라고 해요. 국가 예산은 세금을 얼마만큼 어떻게 거두어서 얼마만큼 어떻게 사용할지를 미리 계획을 세워요.

국내총생산

한 나라에서 가계, 기업, 정부가 생산한
물건과 서비스의 가치를 전부
더한 것을 국내총생산이라고 해요.

 일정 기간 동안 한 나라 안에서 만들어지는 물건과 서비스가 있어요. 물건과 서비스의 가치를 돈으로 바꾸어 전부 더한 것을 국내총생산, GDP(Gross Domestic Product)라고 해요. 물건과 서비스를 만든 사람이 우리나라 사람이든 외국인이든 우리나라 안에서 이루어졌다면 국내총생산에 포함이 돼요. 국내총생산을 보면 어느 한 나라의 경제 활동 수준이 얼마나 성장했는지 알 수 있어요.

우리나라 국내 총생산 변화

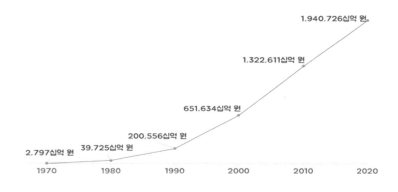

출처 : 국가통계포털

국민총생산

한 나라의 국민이 생산한 물건과 서비스의
가치를 전부 더한 것을 국민총생산이라고 해요.

 일정 기간 동안 한 나라의 국민이 만든 물건과 서비스의 가치를 돈으로 바꾸어 전부 더한 것을 국민총생산, GNP(Gross National Product)라고 해요. 물건과 서비스가 만들어진 장소가 우리나라이든 해외이든 상관없이 우리나라 사람이 만든 모든 것을 포함하지요. 국민총생산은 우리나라에서 외국인이 만든 것은 포함하지 않아요. 참고로 1인당 국민총소득은 국민총생산에서 인구수를 나눈 값이에요. 1인당 국민총소득이 높은 나라일수록 국민들의 생활 수준이 높다고 볼 수 있어요.

1인당 국민 총소득

출처 : 국가통계포털, 2022년 기준

한국은행

한국은행은 우리나라의 중앙은행이면서
돈을 만드는 곳이에요.

 우리나라 돈에는 모두 '한국은행'이라고 적혀 있어요. 그래서 한국은행에 저축을 하면 이자도 많이 주고, 안전할 것 같지요. 하지만 한국은행은 일반 사람들의 예금을 받아 주지 않아요. 한국은행은 우리 주변에서 볼 수 있는 일반 은행과는 달라요. 한국은행은 화폐를 만들어 내고 돈이 시장에서 돌아다니는 양을 조절하여 물가를 안정시키는 역할을 해요. 그리고 일반 사람들에게는 은행 업무를 하지 않지만 은행을 상대로 돈을 빌려주거나 맡아주는 일을 해서 은행의 은행이라고 불러요.

[한국은행 | 서울 중구 남대문로]

금융 기관

금융 기관은 은행, 증권 회사 같이 금융 일을 하는 기관을 말해요.

 금융이란 돈을 빌리거나 빌려주는 일을 말해요. 금융 기관은 금융 일을 하는 회사로 은행, 보험 회사, 증권 회사, 카드 회사 등이 있어요. 금융 기관은 필요할 때 돈을 빌려주고, 다른 곳으로 돈을 보내는 일도 하며, 다른 나라의 돈을 바꾸어 주기도 해요. 또 각종 세금을 내고, 중요한 물건을 맡아 주는 일, 회사의 주식을 사고파는 일도 해요.

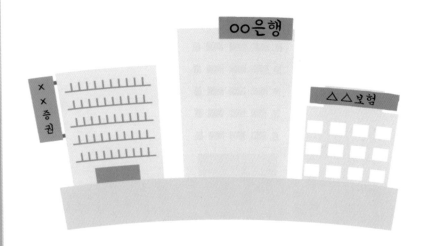

금융감독원

금융감독원은 금융 기관을 감시, 감독하는 일을 하는 곳이에요

 각종 범죄로부터 안심하고 생활할 수 있도록 돕는 기관이 경찰이라면, 안심하고 금융 거래를 할 수 있도록 돕는 기관은 금융감독원이에요. 금융감독원은 은행, 증권 회사, 보험 회사 등의 금융 회사가 재산을 튼튼하게 가지고 있도록 하여 사람들이 안심하고 금융 거래를 하도록 도와줘요. 금융 회사가 돈을 맡겨도 될 만큼 튼튼한지, 운영을 잘하는지 항상 살펴보고 금융 회사들이 규칙을 따르도록 하여 공정하게 운영되도록 감시하는 심판과 같은 역할을 해요.

[금융감독원 I 서울 영등포구 여의도동]

산업

우리가 살아가는 데 필요한 재화와 서비스를 만들어 내는 모든 경제 활동을 산업이라고 해요.

살아가기 위해 필요한 것을 만드는 모든 활동을 산업이라고 해요. 산업은 1차 산업, 2차 산업, 3차 산업으로 나뉘어요. 1차 산업은 곡식을 수확하거나 가축을 키워 고기와 우유를 얻는 등 자연에서 필요한 것을 얻어 내는 활동이에요. 2차 산업은 곡식으로 과자를 만들거나 나무로 종이를 만드는 일처럼 1차 산업에서 얻은 것을 가공하는 일이에요. 3차 산업은 사람들의 생활에 편리함을 주는 활동이에요. 물건을 팔거나 아픈 사람을 진료하는 등 사람들에게 서비스를 제공하는 일이 모두 3차 산업이지요.

산업 혁명

산업 혁명은 18세기 영국에서 시작하여 산업 구조가 기계 공업 중심으로 바뀐 것을 말해요.

산업 혁명은 18세기(1700년대) 영국에서 시작되었어요. 물을 끓일 때 생기는 수증기의 힘을 이용한 장치인 증기 기관과 기계의 발달로 생산 기술이 크게 늘었어요. 생활에 필요한 물건을 공장이 아닌 집 안에서 도구를 이용해 직접 만들었던 가내 수공업으로 적은 양만 생산할 수 있었던 물건들도 기계를 이용해 더 빠르고 많이 만들 수 있게 되었어요.

[산업혁명 당시 영국 공장 모습]

농업

농업은 토지를 이용하여 우리에게 필요한
작물을 재배해 생산물을 얻는 일이에요.

 농업은 여러 가지 농작물을 기르거나 식물을 가꾸는 일이
에요. 우리가 먹는 밥을 만드는 쌀을 얻기 위해 벼농사를
짓는 일, 맛있는 과일이나 영양가 높은 채소를 기르는 일
등이 모두 농업에 속해요. 옛날 사람들은 농업이 세상에
서 가장 중요한 일이라고 여겼어요. 오늘날에도 컴퓨터,
자동차 등을 만드는 제조업이 아무리 발달해도 먹을거리
없으면 큰 문제이기 때문에 농업은 여전히 중요해요.

제조업

제조업은 자연에서 얻은 재료를
이용하여 새로운 물건을 만드는 일이에요.

 제조업은 자연에서 얻은 재료로 생활에 필요한 물건을 만드는 일을 말해요. 옷, 종이, 플라스틱, 자동차, 컴퓨터 등 우리 주변에 있는 물건 대부분은 제조업을 통해 만들어 졌어요. 우리나라는 1960년대에는 식료품과 옷감을 만드는 제조업이 발달하였고 1970년대부터 1980년대까지는 기계, 조선, 자동차 등을 생산하는 제조업이 발달했어요.

서비스업

사람들을 돕거나 즐겁게 해주고
돈을 버는 일을 서비스업이라고 해요.

 생활을 편리하게 해주는 서비스를 제공하는 생산 활동을 3차 산업이라고 하고, 서비스업이라고도 해요. 서비스업은 눈에 보이는 상품 대신 서비스와 같이 보이지 않는 것을 공급하고 돈을 버는 산업이에요. 예를 들어 물건을 집으로 배달해 주는 택배 배송, 아픈 환자를 진료하는 병원, 머리를 예쁘게 손질해 주는 미용실과 같은 것들이지요.

반도체

반도체는 특정한 조건에 따라 전기가 통하기도 안 통하기도 하는 물질을 말해요.

 전기가 통하는 물질을 도체라고 하고, 전기가 통하지 않는 물질을 부도체라고 해요. 반도체는 특정 조건에만 전기가 통하는 물질이에요. 이러한 성질을 이용해서 많은 전자 기기를 만들 수 있어요. 반도체는 정보화 시대의 쌀이라고 불릴 만큼 다양한 첨단 산업에서 꼭 필요한 물질이에요. 그래서 많은 기업이 반도체를 연구하고 만들어 내고 있어요. 우리나라의 반도체 기술은 세계적으로도 유명해서 많은 나라에 수출하고 있답니다.

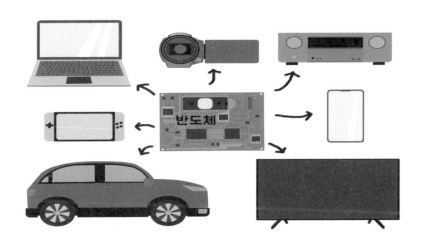

신재생 에너지

햇빛, 바람, 지열, 파도 등 환경 오염을
일으키지 않고 석탄과 석유를 대체할 수 있는
깨끗한 에너지를 신재생 에너지라고 해요.

미세 먼지로 뿌연 공기를 마셔야 하는 사람들과 지구 곳
곳에서 환경 오염 또는 자연재해로 피해를 보았다는 뉴
스를 본 적 있나요? 이러한 일이 생기는 이유는 우리가 사
용하는 석유나 석탄 같은 화석 에너지 때문이에요. 화석
에너지는 우리의 삶을 편리하게 해 주지만 환경을 오염시
켜 결국 우리에게 해가 되지요. 또 화석 에너지는 점점 줄
어들고 있어서 언젠가 쓸 수 없게 돼요. 그래서 사람들은
화석 에너지를 대신할 수 있는 에너지를 찾기 위해 노력
했고 그것이 바로 신재생 에너지예요. 햇빛의 힘, 물이 흐
를 때 움직이는 힘, 땅속에서 나는 열을 이용하는 힘 등을
이용해 얻는 에너지를 신재생 에너지라고 해요.

경제 공황

경제 공황은 경제에 혼란이 생기는 현상으로
개인은 물론 국가적인 위기 상황이에요.

공황이란 '정신적으로 불안 상태'를 말하는데, 경제 공황
은 경제의 순환 과정에서 나타나는 혼란을 말해요. 상품
의 생산과 소비의 균형이 깨지고, 금융 상태가 좋지 않아
기업이 망하고, 일자리가 없어지지요. 대표적으로 1929
년에 시작된 세계 대공황이 있어요. 세계 대공황은 1차
세계 대전이 끝나고 시작되었어요. 전쟁에서 많은 무기를
팔아서 돈을 잘 벌던 미국은 전쟁이 끝나고 더 이상 돈을
벌기 어려워졌어요. 무기 공장이 문을 닫자 일하던 사람들
은 직업을 잃게 되었지요. 이렇게 직업을 잃는 사람들이
늘어나자 경제가 어려워지고 다른 공장들까지 문을 닫게
되었어요. 이런 일이 이어지면서 경제가 계속 어려워지는
것이 경제 공황이에요.

회사가 망해서
직업을 잃었어...

비정규직

고용을 보장받지 못하고 일정한 기간만
일하는 근로자를 비정규직이라고 해요.

일하는 방식이나 시간 등이 보장되고, 특별한 사유가 없으면 계속해서 일할 수 있는 정규직과는 달리 비정규직은 근로 기간이 짧게 정해져 있어서 고용의 지속성을 보장받지 못하는 계약직, 일용직 등을 말해요. 비정규직 노동자의 경우 회사에 정식으로 소속되지 않고, 정규직보다 짧은 시간만 일하는 경우가 많아요. 그렇다 보니 회사의 복지를 받지 못하고, 월급도 적어 어려움을 겪는 경우가 많지요. 그래서 비정규직 근로자들이 안정적으로 일을 할 수 있도록 사회가 노력하고 있어요.

비정규직 처우개선

최저임금

최저임금은 근로자가 받아야 할
최소한의 임금을 말해요.

 근로자에게 임금은 아주 중요해요. 임금으로 생활에 필요한 것들을 구입할 수 있거든요. 우리나라를 포함한 많은 나라에서는 근로자들이 일한 만큼의 적당한 돈을 받을 수 있도록 법으로 정해 놓았어요. 근로자가 일한 만큼 최소한의 대가를 받아야 한다고 정한 제도가 바로 최저임금제도예요. 이 제도가 생긴 이유는 근로자를 고용한 고용주가 부당하게 임금을 적게 주는 것을 방지하기 위해서예요. 최저임금은 물가가 올라간 정도를 반영해 매년 조금씩 올라요.

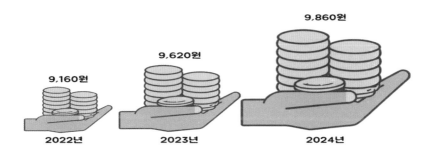

9,860원

9,620원

9,160원

2022년   2023년   2024년

인플레이션

인플레이션은 돈의 가치가 떨어져
상품의 가격이 오르는 현상을 말해요.

 1,000원이던 과자가 1,500원으로 오르게 되면 돈의 가치가 그만큼 떨어졌다고 할 수 있어요. 500원을 더 써야 똑같은 과자를 살 수 있기 때문이지요. 이처럼 물가가 오르고 돈의 가치가 떨어지는 것을 인플레이션이라고 해요. 인플레이션은 수요보다 공급이 적은 경우, 시장에 돈의 공급량이 늘어나 이전보다 많아진 돈으로 사람들이 물건을 많이 사는 경우, 상품을 만드는 비용이 올라 상품의 가격이 올라가는 경우에 발생해요. 인플레이션이 발생하면 돈의 가치가 떨어지므로 월급과 같이 고정적으로 돈을 받는 사람들은 어려워지는 반면 부동산이나 귀금속 같은 자산을 가지고 있는 사람들은 물가 상승으로 이득을 보게 돼요. 이럴 경우 부동산 투기 같은 불건전한 거래가 늘어나게 되고 빈부격차가 심해지는 문제가 생기지요. 그래서 각 나라의 정부에서는 지나친 인플레이션을 막기 위해 노력한답니다.

구조조정

구조조정은 기업을 효과적으로 만들기 위해
원래의 방법을 크게 고치고 바꾸는 것을 말해요.

기업의 효율을 높이기 위해 수익이 낮은 부분을 정리하거나 인원을 줄이는 것을 구조조정이라고 해요. 기업에서는 경영 사정이 어려워지거나 문을 닫는 일을 막으려고 할 때 구조조정을 해요. 기업에서 구조조정을 하면 비슷한 일을 하는 사업들은 하나로 합치면서 인원을 줄이거나 근로자에게 주는 임금을 줄이고, 기업이 가지고 있는 땅이나 건물을 팔아요. 구조조정을 하면 기업은 비용을 줄일 수 있지만, 기업에서 근무하는 직원들은 임금이 줄어들거나 직장을 잃게 되는 등의 어려움을 겪을 수 있어요. 우리나라는 1998년 외환 위기 때 기업들이 구조조정을 해서 실업자가 많이 증가했었어요.

수익이 낮은 부분은
정리해야지!

실업

일자리를 잃거나 일할 기회를
얻지 못하는 것을 실업이라고 해요.

 실업은 일을 하지 않고 있는 상태로 더 좋은 직장을 구하기 위해 스스로 선택한 경우도 있지만, 일을 하고 싶은데도 일자리를 구하지 못한 경우도 있어요. 이러한 사람들을 실업자라고 해요. 실업자가 많아지면 본인과 가족뿐 아니라 나라 경제에도 안 좋아요. 실업자들은 버는 돈이 없기 때문에 소비를 하지 못해요. 그러면 물건이 잘 팔리지 않으니 기업도 물건의 생산량을 줄일 수밖에 없겠지요. 생산을 하지 않으면 물건을 만드는 근로자도 필요 없으니 실업자가 늘어나요. 돈을 버는 사람들이 줄어들어 나라에서 거두어들이는 세금도 줄어들지요. 이처럼 실업자가 늘어나면 여러 문제가 생기기 때문에 나라에서 실업자가 취업할 수 있도록 도와주고, 일자리를 찾을 동안 어려움을 겪지 않도록 실업 급여를 주기도 해요.

실업률

실업률은 일한 생각과 능력이 있는 인구 중
직업이 없는 사람이 차지하는 비율을 말해요.

 만 15세 이상의 국민 중 일할 생각과 능력이 있는 사람을 경제활동인구라고 해요. 실업률은 경제활동인구 중에서 일자리가 없는 사람들이 차지하는 비중을 말해요. 실업과 취업을 가리는 기준은 나라마다 조금씩 다른데 우리나라는 국제노동기구(ILO)에서 정한 기준으로 1주일에 1시간 이상 일하면 취업으로 분류해요. 실업은 개인적으로도 큰 어려움이지만 나라 전체로도 문제이기 때문에 실업률이 높으면 경제 상황이 좋지 않음을 의미해요.

나도 일하고
싶다...

불합격

인구 고령화

인구 고령화는 전체 인구에서 노인이
많아지는 것을 말해요.

　의학이 발달하면서 생활 수준이 높아지고 인간의 평균
수명이 늘어나 노인 인구는 계속해서 많아지고 있어요. 반
면에 결혼 연령이 늦어지면서 아이를 낳는 사람은 줄어들
고 있어 전체 인구 중 나이가 많은 사람들의 비율이 점차
높아지고 있어요. 이러한 현상을 인구 고령화라고 해요.
인구 고령화의 가장 큰 문제는 일할 수 있는 능력이 있는
젊은 노동력이 줄어드는 거예요. 노동력이 줄어들면 경제
에 큰 문제가 생기지요. 그래서 인구 고령화를 대비해 출
산 장려 정책, 노인 복지 및 일자리 지원 등 많은 노력을
하고 있어요.

공공재

사람들이 공동으로 사용하는
물건이나 시설을 공공재라고 해요.

 도로, 전기 등 시설을 만들기 위해서는 비용이 많이 들어
요. 사람들에게 꼭 필요하지만 시설을 짓고 유지하는 데
들어가는 비용 때문에 개인이 운영하기 어렵지요. 그래서
정부가 나서서 만들고 운영하는데, 이런 것들을 공공재라
고 해요. 정부는 국민으로부터 거두어들인 세금으로 공공
재를 만들어 운영하며 사람들에게 다시 제공해요. 전기,
가스, 물, 소방서, 경찰서, 학교 등 정부가 만들고 운영하
는 공공재는 다양해요. 공공재는 많은 사람이 동시에 사
용할 수 있고, 대가를 치르지 않아도 쓸 수 있어요.

사회 보장 제도

사회 보장 제도는 국가가 국민들이 최소한의 인간다운 생활을 하도록 보장하는 제도를 말해요.

 사람은 인간답게 살 권리가 있어요. 질병으로 경제활동에 제약을 받거나 직업이 없어 어려움에 부닥친 사람들도 인간다운 삶을 살아야 해요. 그래서 정부가 나서서 도와주고 있어요. 이를 사회 보장 제도라고 해요. 정부는 국민들의 삶의 질을 높이기 위해 여러 가지 사회 보장 제도를 실시하고 있어요. 사회 보장 제도는 크게 두 가지로 나뉘는데 하나는 소득이 낮은 사람들을 도와주는 공공 부조 제도가 있어요. 다른 하나는 질병에 걸리거나 재해로 어려움에 부닥쳤을 때 보험금을 지급하는 제도인 사회 보험이 있어요.

국민건강보험

국민건강보험은 국민이 건강하게
생활할 수 있도록 도와주는 보험이에요.

갑자기 몸이 아프거나 다쳤을 때 치료를 받기 위해서는
많은 병원비가 필요해요. 하지만 갑자기 많은 병원비를
내려면 부담스럽지요. 국민건강보험은 평소에 국민이 보
험료를 내고 국민건강보험 공단이 모아 두었다가 사고가
생겼을 때 의료 서비스를 제공받을 수 있도록 하기 위해
만들어진 사회보험이에요. 모아 둔 돈 덕분에 비교적 저렴
한 비용으로 치료를 받을 수 있답니다.

국민연금

국민연금은 돈을 벌 수 있는 능력이 없어졌을 때를 대비해 매월 국가에 돈을 모아 나중에 정기적으로 돈을 받을 수 있는 제도예요.

 소득(월급)에서 돈을 조금씩 내고 그것을 맡겨 두었다가, 소득 활동을 할 수 없게 되었을 때 일정 기간에 걸쳐서 정기적으로 돈을 받는 것을 연금이라고 해요. 국민연금은 국가에서 전 국민을 대상으로 하는 연금 제도예요. 월급을 받는 등 수입이 있을 때 조금씩 돈을 내서 모아 두었다가 나이가 들거나 갑작스러운 사고나 병으로 수입이 없을 때 연금을 지급함으로써 국민의 생활 안정과 복지증진을 위한 사회보장제도랍니다. 국민연금의 관리는 국민연금공단이라는 기관에서 해요. 국민연금공단에서는 연금 가입자의 기록을 관리하고, 돈을 걷으며, 때가 되면 연금을 지급하는 일 이외에도 각종 복지사업도 함께 하고 있어요.

산업재해

일 때문에 다치거나 병에 걸리는 것을
산업재해라고 해요.

 직장에서 일을 하는 동안에 그 일 때문에 병을 얻게 되거나 다칠 수 있어요. 심하면 사고가 나서 목숨을 잃기도 해요. 이렇게 일을 하면서 일하는 사람의 몸이나 정신에 피해가 생기는 것을 산업재해라고 말해요. 일 때문에 다치는 근로자를 보호하기 위해 국가에서는 평소에 기업으로부터 보험료를 거두어 사고가 발생한 경우 근로자에게 보험료를 지급하는데 이러한 제도를 산업재해보상보험이라 해요. 산업재해가 일어나지 않도록 기업과 근로자 모두 노력해야 한답니다.

협동조합

재화나 서비스의 구매, 생산, 판매 등을 함께 함으로써 이익을 높이고 지역 사회의 발전에 도움이 되고자 하는 경제 사업 조직이에요.

협동조합은 주로 경제적으로 어려운 소비자나 농민, 어민이 모여서 만든 조합이에요. 협동조합을 통해 이익이나 손해를 함께 나누려는 목적으로 만들어요. 협동조합에서는 물건을 구매, 생산, 판매하는 일을 하면서 가입한 회원들에게 예금을 받고 돈을 빌려주는 금융 업무도 해요. 우리 주변에서 쉽게 볼 수 있는 협동조합으로는 농협, 수협, 새마을금고 등이 있어요.

노사 갈등

노사 갈등은 노동자와 기업 간의 의견 차이로
발생하는 갈등을 말해요.

 노사 갈등은 노동자와 기업 사이에서 발생하는 갈등이에요. 노동자와 기업 간에 근로 시간이나 급여, 복지와 같은 근로 조건에 대해 서로 주장하는 내용이 다를 때 생겨요. 노사 갈등이 심해지면 노동자가 업무를 일시적으로 중단하는 파업, 기업이 노동자를 내쫓고 회사의 문을 닫는 직장 폐쇄 등이 발생해요. 그래서 노사 갈등은 기업과 노동자가 서로의 입장을 생각하며 대화로 해결하려고 노력해야 해요.

노동 3권

노동 3권은 노동자의 인간다운 생활을
보장하기 위해 법으로 정하고 있는
기본 권리 3가지를 말해요.

 노동 3권은 우리나라 법 중에 가장 중요하고 기초가 되는 법인 헌법에서 정하고 있는 노동자들의 권리인 단결권, 단체 교섭권, 단체 행동권을 말해요. 단결권은 노동자들이 모일 수 있는 권리, 단체 교섭권은 노동조합이 회사와 이야기할 수 있는 권리, 단체 행동권은 이야기가 잘되지 않으면 노동을 거부할 수 있는 권리를 뜻해요. 노동 3권은 우리나라뿐만 아니라 세계 여러 국가에서 법으로 지정해 노동자의 권리를 보호하고 있어요.

사회적 기업

사회적 기업은 많은 사람에게 도움이 되는
일을 하는 회사를 말해요.

기업은 이윤 추구, 즉 돈을 버는 것을 목적으로 해요. 반면에 사회적 기업은 단순하게 이윤 추구를 하는 게 아닌 공공의 이익을 목적으로 하지요. 사회적 기업은 가난한 사람들이나 몸이 불편한 사람들에게 일자리를 주기도 하고, 지역 경제를 살리기 위해 만들어지기도 해요. 국가에서 힘든 사람들을 도와주지만 전부 만족하기는 어려워요. 그래서 사회적 기업은 국가에서 도와주지 못하는 부분을 채워주고 이를 통해 사회 발전에 도움이 되는 중요한 일을 한답니다.

사회적 기업 덕분에
일자리도 생기고
좋은 일도 하는구나!

블루오션

블루오션은 경쟁이 심하지 않은 시장을 뜻해요.

 블루오션은 고기가 많이 잡히는 넓고 푸른 바다처럼 경쟁하는 회사가 많지 않아 많은 이득을 낼 수 있는 시장이나 직업을 말해요. 기존의 기술과 제품을 똑같이 판매한다면 경쟁자가 많을 수밖에 없어요. 그래서 새로운 제품과 기술을 만들어야 하지요. 기업들은 시장의 변화에 관심을 두고 다른 기업보다 앞서 나가기 위해 신기술과 신제품을 개발하기 위해 노력하고 있어요.

레드오션

레드오션은 이미 많은 경쟁이 있는 시장을 말해요.

 레드오션은 블루오션의 반대말로 경쟁이 치열한 시장을 말해요. 마트에서 과자를 사려고 하면 정말 다양한 종류의 과자가 있는 것을 볼 수 있어요. 그리고 기존에 있던 과자가 없어지기도 하고, 새로운 과자가 나오기도 해요. 이렇게 많은 회사가 경쟁하고 있어서 성공하기 어려운 시장을 레드오션이라고 해요. 블루오션도 얼마든지 레드오션으로 바뀔 수 있어요. 경쟁자가 없는 새로운 제품이나 기술로 돈을 많이 벌면 반드시 다른 경쟁자들이 쫓아오기 때문이랍니다.

부동산

부동산은 땅, 건물, 아파트와 같이
움직일 수 없는 자산을 말해요.

 부동산은 말 그대로 움직여 옮길 수 없는 자산이에요. 땅이나 건물, 주택이 대표적인 부동산 자산이죠. 주택이나 건물을 여러 개 가지고 있는 사람은 다른 사람에게 빌려주고 돈을 벌 수도 있어요. 반대로 동산이란 움직일 수 있는 자산을 말해요. 부동산 이외의 돈, 증권, 보석은 모두 동산이에요.

전세

부동산 주인에게 일정한 돈을 맡기고
그 부동산을 빌려 쓰는 것을 전세라고 해요.

전세는 다른 사람의 부동산인 방이나 집, 건물 등을 주인에게 일정한 돈을 맡기고 약속한 기간 동안 빌려 쓰는 것을 말해요. 이때 맡기는 돈을 보증금이라고 해요. 약속한 기간이 끝나면 보증금을 돌려받지요. 돈을 내는 것이 아니라 그대로 돌려받기 때문에 우리나라의 전세 제도는 전 세계에서 보기 어려운 독특한 제도라고 해요. 우리나라의 전세 제도는 1970년대 이후 일자리를 찾아서 농촌 인구가 도시로 몰려들어 집이 부족하게 되자 자신의 집을 마련하지 못한 사람들이 일정한 돈을 맡기며 다른 사람의 집에 들어가 살면서 자리 잡게 되었어요.

이런 집 전세 있나요?

월세

부동산 주인에게 한 달 단위로 부동산
사용료를 내고 빌려 쓰는 것을 월세라고 해요.

 월세는 전세와 달리 돈을 돌려받는 것이 아니라 부동산
주인에게 매월 돈을 내는 임대 방식을 말해요. 한꺼번에
큰돈이 들지 않는 장점이 있지만, 낸 돈을 돌려받지 못한
다는 단점도 있어요. 보통 월세는 내지 못하는 경우를 대
비해서 약간의 보증금을 먼저 내고 거래하는 경우가 많아
요.

이 집은 깨끗한데
월세도 싸구나!

OO원룸

공인중개사

공인중개사는 아파트, 건물, 땅 등을
팔려는 사람과 사려는 사람에서
돕는 일을 하는 사람을 말해요.

 아파트나 건물, 땅 등을 사고파는 데는 전문적인 지식이
필요해요. 이를 전문으로 할 수 있는 법적 자격을 갖춘 사
람을 공인중개사라고 해요. 예를 들어 아파트를 사고 싶
다고 다른 사람이 살고 있는 아파트에 찾아가서 문을 두
드리며 팔라고 할 수 없어요. 아파트를 팔고 싶은 사람 역
시 아무한테나 사라고 할 수 없지요. 그래서 공인중개사
를 통해 팔고 싶은 사람은 부동산을 내놓고, 사고 싶은
사람은 부동산을 사는 일이 이루어진답니다.

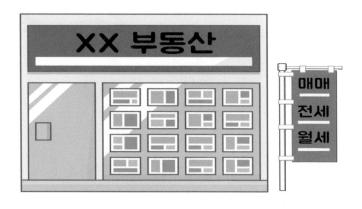

불로소득

불로소득은 일을 하지 않고
얻는 수익을 말해요.

불로소득은 일을 한 대가가 아닌 다른 이유로 생기는 돈을 말해요. 복권에 당첨되어 받는 돈, 은행에 돈을 맡겨 놓으면 그 대가로 받게 되는 이자, 가족으로부터 물려받은 재산, 부동산을 빌려주고 받는 임대료 등이 있어요. 불로소득이 꼭 나쁘다고는 할 수 없지만 모든 사람이 불로소득만 얻으려고 한다면 일하는 사람이 점점 줄어들어 건강하지 못한 사회가 될 수 있어요. 그래서 나라에서는 불로소득만 얻으려고 하는 것을 막기 위해 일을 해서 얻는 근로소득보다 불로소득에 더 높은 세금을 거두고 있어요.

세계가 보이는 경제

4. 국제 경제

세계화

세계화는 세계 여러 나라가 정치, 사회, 경제,
과학, 문화 등 다양한 분야에서 교류하며
영향을 주고받는 것을 말해요.

 세계의 여러 나라가 다양한 분야에서 영향을 주고받으
면서 교류가 많아지는 현상이에요. 교통과 통신의 발달로
나라와 나라 사이에 공간적, 시간적 거리가 줄어들어 세
계화가 이루어지고 있어요. 우리나라에서 피자 한 판을
구울 때도 밀가루는 미국에서, 치즈는 덴마크에서, 햄은
프랑스에서 수입해 온 재료를 사용할 수 있고 한국의 유
명 아이돌 그룹이 미국 방송에 등장하는 것 등을 세계화
라고 할 수 있어요.

세계 시민

세계 시민은 지구촌 문제가 우리의 문제임을
알고 이를 해결하고자 협력하는 자세를
지닌 사람을 말해요.

 교통과 정보 통신의 발달로 다른 나라 사람들과의 교류
가 활발해지는 세계화가 이루어졌어요. 하지만 나라 간
경제적 불평등이나 국제 난민 문제, 기후 변화나 환경 문
제와 같이 여러 나라가 함께 해결해야만 하는 문제들이
생겨나고 있어요. 세계 시민은 이웃 나라의 문제를 모른
척하는 것이 아니라 모두 함께 해결해 나가야 할 문제라
는 것을 알고 함께 노력해 나가는 사람을 말해요.

선진국

선진국은 다른 나라보다
경제 발전이 앞선 나라를 말해요.

 선진국을 판단하는 기준은 분명하지 않아요. 하지만 일
반적으로 경제 발전뿐만 아니라 정치, 문화 등 사회 다방
면의 모습이 다른 나라에 비해 앞선 나라들을 말하지요.
대표적인 선진국으로 미국, 프랑스, 독일, 영국 같은 나라
들이 있어요.

개발도상국

개발도상국은 다른 나라에 비해
경제 발전이 뒤처지는 나라들을 말해요.

 개발도상국은 선진국에서 사용하고 있는 기술, 지식, 제도가 아직 충분히 쓰이지 못해서 경제 개발 등이 뒤처지는 나라들을 말해요. 과거에는 후진국이라는 표현을 썼지만, 이제는 개발도상국이라는 표현을 써요. 우리나라도 6.25 전쟁 이후 개발도상국에 속했지만, 점차 경제가 발전하면서 국제통화기금(IMF) 기준에 따르면 1997년에 개발도상국을 벗어났어요.

무역

무역은 나라와 나라 사이에
물건과 서비스를 사고파는 것을 말해요.

 나라마다 자연환경, 자원, 기술, 자본, 인구 등에 차이가
있어서 생산할 수 있는 물건과 서비스가 서로 다르기 때
문에 무역을 해요. 다른 나라에 물건을 파는 것을 수출,
다른 나라에서 물건을 사 오는 것을 수입이라고 하지요.
우리나라에서는 석유나 석탄 같은 자원이 풍부하지 않아
서 수입을 하는 대신 반도체, 자동차, 휴대전화 등 높은
기술력이 있어야 만들 수 있는 하는 제품을 수출한답니
다.

관세

관세는 수출, 수입되거나 통관되는
화물에 부과되는 세금을 말해요.

관세는 상품이 일정 영역을 통과할 때 내는 세금이에요. 보통 나라 간의 무역을 할 때 수입하는 상품에 대하여 부과되는 세금을 의미해요. 국가에서는 자기 나라의 산업을 보호하려고 외국의 물품을 수입할 때 관세를 받아요. 그러면 수입된 물건의 가격이 비싸져서 국민들이 관세가 없는 저렴한 나라 안에서 만든 물건을 사게 되지요. 나라 끼리 사이가 안 좋아지면 특정 나라의 관세를 올려서 갈등이 생기기도 하고, 특정 나라와 협정을 맺어 그 나라끼리는 관세를 낮추어 주기도 해요. 세계 무역 기구(WTO)는 나라들 사이에 자유로운 무역이 이루어지도록 세계 여러 나라들에 점차 관세를 낮출 것을 요구하고 있어요.

자유무역협정

자유무역협정은 나라 간 물건이나 서비스 등의 자유로운 이동을 위해 세금, 법과 제도 등의 문제를 줄이거나 없애기로 한 약속이에요.

자유무역협정(FTA, Free Trade Agreement)은 나라 간 제품이나 서비스의 자유로운 이동을 위해 세금을 줄이거나 없애고, 법과 제도를 비슷하게 만들어 쉽게 무역을 할 수 있게 만든 약속이에요. 자유무역협정을 하면 관세 때문에 비쌌던 외국의 물건을 싸게 살 수 있고, 외국의 자본이나 기술이 도입되기 쉽다는 장점이 있어요. 하지만 국내에서 보호받던 산업들이 외국 기업과 경쟁을 해야 하기 때문에 농축산업과 같은 산업에 종사하는 사람들은 자유무역협정을 반대하기도 해요.

우리나라 FTA 현황(23년 11월 기준. 산업통상자원부)

세계무역기구

세계무역기구는 나라와 나라 사이에서 무역과
관련된 문제가 일어났을 때 공정하게
심판하려고 만들어진 국제기구예요.

오늘날은 전 세계가 지구촌이라고 불릴 만큼 나라와 나라 간 무역이 활발해졌어요. 하지만 어떤 나라들은 여전히 자기 나라의 산업을 보호하기 위해 여러 가지 잘못된 방법을 사용하고 있지요. 그래서 나라와 나라 사이에 갈등이 생기기도 해요. 그래서 나라와 나라 사이에 경제와 관련한 다툼이 일어났을 때 잘못된 것을 판단하고 고치도록 하기 위해 1995년에 세계무역기구(WTO, World Trade Organization)가 설립되었어요. 세계무역기구 본부는 스위스 제네바에 있어요.

[세계무역기구 I 스위스 제네바]

공정무역

공정무역은 생산자의 노동에 정당한 대가를 지불하면서 소비자에게는 좀 더 좋은 물건을 공급하는 윤리적인 무역을 말해요.

경제가 어려운 일부 개발도상국에서는 사람들이 매우 적은 돈을 받고 농장에서 커피, 초콜릿 등의 원료를 재배하는 일을 해요. 하지만 농장은 대기업이 소유하고 있어서 일을 열심히 해도 가난에서 벗어나지 못하고, 심지어 어린이들이 학교도 가지 못하고 일을 하는 경우도 있지요. 이는 매우 불공평하기 때문에 근로자들을 지원하는 공정무역으로 만든 상품에 대한 관심이 많아지고 있어요. 소비자들이 근로자에게 정당한 대가를 주고 생산된 물건만 산다면 정당한 대가를 지불하지 않는 기업의 물건을 팔리지 않을 것이고, 이러한 기업도 결국 공정무역을 택할 거예요.

윤리적 소비

윤리적 소비는 시장에서 물건을 살 때 물건을 만드는 과정을 생각해서 사는 것을 말해요.

 소비자가 물건을 살 때 가격과 품질로만 구매를 결정하는 것이 아니라, 다른 사람이나 사회 및 환경 등에 주는 영향을 생각하여 바람직한 방향으로 소비하는 행위를 윤리적 소비라고 해요. 예를 들어 조금 비싸더라도 환경을 오염시키지 않는 물건을 사는 것, 생산자에게 정당한 대가를 지불하는 공정무역 제품을 이용하는 것 등이 윤리적 소비라고 할 수 있어요.

유럽연합

유럽연합은 유럽 여러 나라가 세계 시장에서
경쟁력을 높이기 위해 만든 국제기구예요.

 수백 년 동안 독일, 프랑스, 영국, 이탈리아 등 유럽 여러 나라는 크고 작은 전쟁을 치렀어요. 전쟁에 지친 유럽 사람들은 하나의 유럽을 만들면 전쟁을 없앨 수 있다고 생각했고, 1993년 마스트리흐트 조약으로 유럽연합(EU, European Union)이 만들어졌어요. 유럽연합 소속 국가는 정치, 경제적인 문제가 있을 때 회의를 통해 공동으로 해결책을 찾아요. 또한 유럽중앙은행을 만들고, 유로화라는 화폐를 사용하며 유럽연합에 소속된 국가의 국민은 자유롭게 유럽 안에 있는 다른 나라에서 직장을 얻을 수 있고, 국경을 넘나들 수 있어요.

외환위기

외환위기는 거래에 필요한 외환이 없어
국가 경제에 큰 어려움을 겪는 현상을 말해요.

다른 나라와 거래할 때 쓰는 돈과 같은 수단을 외환이라 하고 나라가 가지고 있는 외환을 외환보유액이라고 해요. 외환보유액이 부족해 외국에 빌렸던 돈을 갚지 못하는 현상을 외환 위기라고 해요. 한 나라에 외환 위기가 닥친 것은 매우 심각한 일이에요. 환율이 급등해서 석유와 같이 외국에서 꼭 수입해야 하는 물건을 제대로 살 수 없게 되고, 경제가 무너져 나라가 망할 수도 있어요. 우리나라도 1997년에 다른 나라에서 빌린 돈을 갚지 못해 외환 위기를 겪으며 경제가 어려워졌던 적이 있어요.

[외환위기 당시 기사 l 1997년11월22일 동아일보]

환율

환율은 돈을 다른 나라 돈으로
바꿀 때 교환 비율을 말해요.

 나라마다 쓰는 말이 다르듯이 돈의 모양과 단위도 달라요. 그래서 다른 나라에 가면 우리나라 돈을 그 나라의 돈으로 바꿔야 해요. 이때 돈의 가치를 서로 비교하여 바꾸어야 하는데 그 기준이 환율이에요. 우리나라 돈과 미국 돈을 바꾼다고 할 때, 1달러를 받으려면 몇 원을 주어야 하는지를 결정하는 비율이지요. 만약 미국 달러에 우리나라 원의 환율이 '1달러=1,000원'이라면, 1달러를 받으려면 우리 돈 1,000원을 주어야 한다는 뜻이에요. 환율은 각 나라의 경제에 따라 매일 조금씩 바뀌지만, 환율의 변화는 사람들의 생활에 큰 영향을 주기 때문에 안정적으로 유지하는 것이 좋아요.

국제통화기금

국제통화기금은 세계 무역 안정을
목적으로 설립한 국제 금융 기구예요.

  국제통화기금(IMF, International Monetary Fund)은 세
계 무역의 안정을 위해 1947년에 설립된 국제 금융 기구
예요. 국제통화기금은 가맹한 나라들이 낸 돈을 이용하여
환율을 안정시키고, 경제 위기를 겪는 나라에 돈을 빌려
주는 일을 해요. 우리나라도 1997년 외환위기 때 국제통
화기금에서 외환을 빌린 적이 있어요. 많은 회사가 문을
닫았고 구조조정을 통해 실업자 수가 많이 증가했지만,
온 국민이 힘을 모은 덕분에 2001년 8월에 국제통화기금
으로부터 빌린 돈을 모두 갚았어요.

[국제통화기금 | 미국 워싱턴 D.C.]

국제 경쟁력

국제 경쟁력은 국제 시장에서 다른 기업에 비해
더 나은지 겨루는 것을 말해요.

  경쟁력이란 같은 목표에 대해 앞서나갈 수 있는 능력이
나 힘을 뜻해요. 국제 경쟁력은 제품이나 기업이 세계적
으로 갖는 경쟁력을 말해요. 각 나라는 자연환경이나 자
원, 기술 등이 다르기 때문에 각자의 제품이나 서비스가
다른 나라보다 앞서기 위해 경쟁해요. 주로 같은 제품이
라면 가격이 낮을 때 경쟁력을 가져요. 하지만 가격이 비
싸더라도 물건의 질이 좋거나 유명한 회사에서 만들었거
나 더 나은 서비스를 제공한다면 경쟁력이 달라질 수 있어
요.

G20

G20은 세계 주요 20개국을 회원으로 하는 세계 경제 협의 기구를 말해요.

　G20(Group of 20)은 세계 경제에 큰 영향을 미치는 주요 7개국인 G7(독일, 미국, 영국, 이탈리아, 일본, 캐나다, 프랑스)과 한국, 유럽연합, 아르헨티나, 오스트레일리아, 브라질, 중국, 인도, 인도네시아, 멕시코, 사우디아라비아, 남아프리카공화국, 튀르키예(터키)를 포함한 20개 국가가 모인 세계 경제 협의 기구예요. 국제 금융 위기가 일어나지 않도록 노력하고 세계 경제가 안정적으로 성장할 방안을 마련하고 있지요. 2010년 11월에는 우리나라에서 G20 정상 회의가 열렸었어요. 아시아에서는 처음이고, 주요 선진 경제국인 G7에 속하지 않은 나라가 회의를 개최했다는 데에도 큰 의미가 있었지요.

경제 상식과 역사

5. 더 깊게 알아보는 경제 이야기

자본주의

자본주의란 이윤을 목적으로 하는 경제 체제로
자본이 시장을 지배하는 것을 말해요.

 자본주의는 이윤 추구를 목적으로 하는 자본이 지배하는
경제 체제예요. 우리나라를 비롯한 미국, 영국, 프랑스 등
많은 나라의 국민들이 자본주의 체제 아래서 생활하지
요. 자본주의 사회에서는 개인의 능력에 따라 대가를 받
기 때문에 일한 만큼 돈을 벌 수 있어요. 사람들은 돈을 더
벌기 위해 열심히 노력하게 되고 지역과 국가의 경제 발
전으로 이어지지요. 하지만 지나치게 경쟁하다 보니 경쟁
에 밀려나는 사람도 생겨요. 또 부자는 더 큰 부자가 되고
가난한 사람들은 아무리 일해도 가난을 벗어나기 어려운
빈부격차가 커지는 문제가 생겨요. 이러한 문제들은 정부
가 나서서 해결하려고 노력하고 있어요.

사회주의

사회주의는 국가가 자원을 모두 관리해
일정하게 나누어 주는 경제 체제를 말해요.

　사회주의 경제 체제에서는 개인이 가진 재산권이 인정
되지 않아요. 모든 생산 수단은 나라의 것이거나 공공의
것이에요. 따라서 모든 경제 활동이 국가의 계획과 통제
에 의해 결정되지요. 사회주의 경제 체제에서는 중앙 정
부가 자원을 모두 가지고, 국민에게 일정하게 나눠 줘요.
그런데 시간이 지나면서 자원 배분이 불공정하게 이루어
지고, 이에 따라 생산성이 떨어지는 것에 대한 불만이 나
타났어요. 그래서 1980년대 후반 이후, 러시아와 중국,
동부 유럽의 여러 사회주의 나라들은 경제 체제에 변화를
주고 있어요. 특히 중국은 사회주의 경제 체제의 기본 틀
을 유지하면서 자본주의의 경제 체제를 부분적으로 받아
들여 경제 발전을 이룬 본보기라고 할 수 있답니다.

중상주의

중상주의는 국가가 부를 늘리기 위해 상업을 중요시하면서 수출은 늘리고 수입은 억제하는 경제 정책을 말해요.

 15세기부터 18세기 후반까지 유럽 국가 대부분이 수출은 늘리면서 수입은 억제하는 정책을 펼쳤어요. 이것을 중상주의라고 해요. 이 시기에는 모든 사람이 금과 은이 모여야 나라가 강해진다고 여겼지요. 그래서 금과 은이 외국으로 빠져나가지 못하게 만들기 위해 중상주의 정책을 펼쳤어요. 중상주의 정책으로 번 돈은 대부분 왕의 힘을 강하게 하는 데 사용되었고, 그 결과 왕권은 강화되었지만 경제 발전은 지연되는 결과를 낳았어요.

수입 안 해!
수출만 할 거야!

석유 파동

석유 파동은 1973년과 1978년 두 차례 발생한 석유 공급 부족과 가격 폭등으로 세계 경제가 혼란과 어려움을 겪은 일을 말해요.

 1973년 이슬람 국가들과 이스라엘 사이에 전쟁이 일어났어요. 그런데 미국이 이스라엘 편을 들어줬고 이슬람 국가들은 이에 화가 났어요. 그래서 석유의 값을 조정하는 방법으로 미국에 항의하기 위해 '아랍석유수출국기구(OAPEC)'에 가입한 국가들은 석유 가격을 무려 4배나 올렸어요. 이것을 석유 파동이라고 해요. 석유 가격이 오르자 우리나라를 포함한 전 세계 여러 나라의 물가가 덩달아 올랐고 경제는 무척 힘들어졌지요. 두 차례의 석유 파동은 겪은 이후 에너지의 안정적 공급과 석유를 대체할 새로운 에너지 개발을 위해 노력하게 되었답니다.

창문세

창문세는 1696년에 영국에서 집에 달린
창문의 개수에 따라 세금을 결정하던 제도예요.

 1696년 영국의 왕이었던 윌리엄 3세는 잦은 전쟁으로 돈이 필요했어요. 당시에는 벽난로가 있으면 세금을 매기는 난로세가 있었어요. 하지만 난로세를 받기 위해 일일이 집에 들어가서 확인해야 하는 불편함이 있었지요. 그래서 생각한 게 바로 창문이었어요. 밖에서 창문의 개수를 파악해 세금을 매길 수 있어 편리했지요. 이것을 창문세라고 해요. 당시에는 유리가 무척 비쌌기 때문에 부자일수록 창문을 많이 만든다고 생각해서 만든 정책이었어요. 창문세를 걷자 사람들은 세금을 내기 싫어 창문을 아예 없애버렸지요. 그래서 오늘날에도 영국의 오래된 건물에는 창문이 아주 작거나 아예 없는 경우가 많이 있답니다.

[창문 모양만 있는 영국의 한 건물]

애덤 스미스

경제학의 아버지라 불리는 애덤 스미스는
자본주의와 자유 무역의 이론적 기초를
제공한 사람이에요.

애덤 스미스는 18세기 영국의 정치 경제학자이자 철학자예요. 애덤 스미스는 우리가 질 좋은 제품을 사용하는 것, 맛있고 신선한 음식을 먹는 것처럼 활발한 경제 활동을 하는 이유를 사람들이 모두 자신의 이익을 위해서라고 주장했어요. 이러한 행동을 '보이지 않는 손'이라고 했지요. 누가 시키지 않아도, 국가가 개인의 경제 활동에 간섭하지 않아도 경제가 스스로 잘 돌아가는 이유는 '보이지 않는 손'이 있기 때문이라고 한 거예요. 애덤 스미스의 이론은 수많은 이론의 기초가 되었고, 경제학이 과학적인 학문으로 자리 잡는 데 큰 영향을 끼쳤어요.

[애덤 스미스]

노예무역

노예무역은 노예를 상품처럼 거래한
근세 유럽의 무역 형태를 말해요.

 아메리카 대륙이 유럽에 알려진 이후 유럽인들은 아메리
카 원주민에게 담배, 커피, 사탕수수 등을 재배하게 하
고 금과 은을 캐라고 시켰어요. 그런데 고된 노동과 유럽
인들이 옮긴 전염병 때문에 원주민들이 하나둘씩 죽어 갔
지요. 그러자 유럽인들은 식민지로 만든 아프리카 국가의
사람들을 강제로 배를 태워 아메리카로 데려와 노예로
부렸어요. 18세기 후반에 노예무역이 폐지되기 전까지 어
른, 아이 할 것 없이 수많은 사람이 잡혀갔고 외롭고 척박
한 환경 속에서 고된 일을 하다가 죽음을 맞이했어요.

러다이트 운동

러다이트 운동은 19세기 영국에서 일자리를 잃는 노동자들이 기계를 부수며 자본가에 대한 불만을 표시한 노동 사회운동이에요.

 산업 혁명은 사람들의 생활에 엄청난 영향을 미쳤어요. 집에서 가족들이 모여 물건을 만드는 가내 수공업 방식은 물건이 만들어지기까지 시간이 오래 걸리는 데다 생산량도 한정되어 있었어요. 그런데 산업 혁명이 일어나고 기계로 물건을 만들면서 가내 수공업은 금세 줄어들었어요. 가내 수공업을 하던 사람들은 실업자가 되거나 공장에서 일하는 노동자가 될 수밖에 없었지요. 그래서 사람들은 자신의 일자리를 빼앗은 기계를 없애 버려야 한다고 생각해 공장으로 달려가 기계를 부쉈어요. 이것을 러다이트 운동이라고 해요. 기계 때문에 사람의 중요성이 사라지자 기계를 가진 사람들에 대한 불만을 표시한 운동이지요.

[러다이트 운동 당시 모습]

보스턴 차 사건

보스턴 차 사건은 1773년 북아메리카
식민지인들이 영국으로부터 차 수입을
막기 위해 차 상자를 바다로 던진 사건이에요.

영국 국왕 조지 3세는 오스트리아 왕위 계승 전쟁에 뛰어들어 7년 동안 싸웠어요. 오랜 전쟁으로 나라를 운영할 돈이 부족해진 영국은 북아메리카 13개 식민지로부터 설탕세, 인지세를 만들어 과도한 세금을 거두어들였어요. 이에 식민지인들이 반발하자 영국은 두 가지 세금을 없애는 대신 북아메리카로 수입되는 종이, 유리, 차 등에 세금을 내게 하는 정책을 만들었어요. 화가 난 북아메리카 사람들은 보스턴 항구에 정박해 있던 영국 배에 실린 홍차 상자 342개를 모두 바다에 던져 버렸어요. 이를 보스턴 차 사건이라고 해요. 하지만 영국은 이 사건 이후 더 강한 정책을 펼쳤고 이에 반발한 사람들이 뭉치면서 결국 미국 독립혁명까지 이어졌어요.

[보스턴 차 사건 | 나다니엘 커리어, 1846년]

소금세

소금세는 우리가 흔히 접하는 조미료인
소금에 붙은 세금으로 소금세 때문에
세계 여러 나라에서 역사적인 사건이 일어났어요.

옛날에 소금은 워낙 귀했기 때문에 땅속에 묻혀 있는 소금 바위를 캐내면 비싼 값에 팔 수 있었고, 소금을 가진 사람은 부자가 될 수 있었어요. 대표적으로 이탈리아의 작은 어촌이었던 베네치아는 소금을 팔아 번성했어요. 소금 무역이 활발해지면서 소금을 팔러 다니는 새로운 무역로가 생기기도 했지요. 프랑스에서는 화려한 왕실 식탁에 꼭 챙겨 놓을 정도로 소금이 귀했는데, 소금을 사고팔 때 소금세를 너무 많이 내게 해 백성들의 원망을 사기도 했어요. 심지어 소금을 사기 위해 딸을 팔거나 소금 대신 노예로 팔려 가는 사람들도 있었어요. 인도의 간디는 소금 때문에 시위를 한 적이 있어요. 인도를 정복한 영국이 인도에서 소금값을 2배로 올리자, 가난한 서민들의 생활이 어려워졌지요. 이에 간디는 소금값을 내려야 한다고 주장하며 사람들과 비폭력 시위행진을 했어요. 결국 영국은 소금값을 내렸고, 간디는 폭력 없이 승리를 거두었지요.

벽란도

벽란도는 고려 시대의 무역항으로 송나라와
일본 상인은 물론 동남아시아, 서아시아
상인들도 드나들던 곳이에요.

 우리나라는 일찍부터 다른 나라와 무역을 했어요. 지금
과 다르게 교통이 발달하지 않았던 고려 시대에도 이웃
한 송나라와 일본 상인은 물론 먼 동남아시아와 아라비
아 상인과도 교역을 했지요. 벽란도는 황해도 예성강 하
류에 있었던 고려 시대 무역항이에요. 고려의 수도인 개경
과 가깝고, 배가 지나다니기 쉬워 무역항으로 발전했어
요. 특히 아라비아 상인들이 고려를 '꼬레아'라고 불러 서
양에 우리나라가 코리아라는 이름으로 널리 알려지게 되
었어요.

아라비아 상인

아라비아 상인은 유럽과 아시아, 아프리카 등을 다니며 무역 활동을 하던 이슬람 사람들을 말해요.

아라비아 상인들은 일찍부터 과학기술이 발달해 배 만드는 기술이 아주 뛰어났어요. 이들은 튼튼하고 큰 배를 만들어 많은 물건을 실어 나르며 다른 나라와 무역을 주도했지요. 이 시기 아라비아 상인들은 서쪽으로는 유럽과 북아프리카, 동쪽으로는 인도와 중국, 동남아시아를 거쳐 우리나라까지 왔어요. 아라비아 상인들은 다른 나라와 무역을 하며 자신들이 가지고 있던 문화와 기술을 나누기도 했어요. 말 그대로 세계를 누비며 무역 활동을 펼쳤답니다.

우리 아라비아 상인은 여러 나라와 거래해!

비단길

비단길은 고대 중국과 로마, 중앙아시아,
서아시아 등이 무역을 하던 교역로를 말해요.

비단길은 중국과 서양을 연결하던 길로 실크로드(Silk Road)라고도 불러요. 비단길은 중국에서 서양으로 간 대표적인 상품이 비단인 데서 붙여진 이름이에요. 비단길을 통해 중국의 도자기, 종이, 화약 기술 등이 서양으로 건너갔고, 서양의 유리, 후추, 모직 등이 중국으로 전해졌어요. 비단길은 물건만 오고 간 게 아니에요. 중국과 서양의 기술과 불교, 이슬람교 등의 종교도 비단길을 통해 전해졌지요. 이처럼 비단길은 정치, 경제, 문화를 이어준 교역로예요.

이쪽으로 쭉 가면
비단을 살 수 있다네!

우리나라 경제 성장

우리나라는 6.25 전쟁 이후 '한강의 기적'이라
불릴 정도로 빠르게 경제 발전을 이루었어요.

1950년에 6.25 전쟁이 일어나면서 많은 사람이 죽고 다
쳤어요. 살아 있는 사람들도 몹시 가난해졌지요. 우리나
라는 경제 발전을 위해 근로자, 기업, 정부가 자신이 맡은
역할에 최선을 다했어요. 가정에서는 소비를 줄이고 저축
을 늘려 나라의 힘을 키웠지요. 근로자들은 일터에서 밤
낮없이 열심히 일했고, 기업들은 해외에서 외화를 벌기
위해 꾸준히 연구와 개발을 했어요. 정부는 1962년부터
1986년까지 5년 단위로 경제계획을 추진하자는 '경제개
발 5개년 계획'을 세우고 도로, 항만 등 대규모의 시설물
을 건설했어요. 모두의 노력 덕분에 1953년 67달러밖에
되지 않던 국민소득이 2000년에는 2만 달러를 넘어서며
수백 배의 성장을 이루어 냈어요.

[서울 한강]

빙글빙글 경제교실

발행일 초판 1쇄 2024년 3월 9일

지은이 걸음마 **펴낸이** 강주효 **마케팅** 이동호 **편집** 이태우 **디자인** 하루
펴낸곳 도서출판 버금 **출판등록** 제353-2018-000014호
전화 032)466-3641 **팩스** 032)232-9980
이메일 beo-kum@naver.com
블로그 blog.naver.com/beo-kum
제조국 대한민국
주의사항 종이에 베이거나 긁히지 않게 조심하세요.
사진 및 그림자료 한국조폐공사, 국가통계포털, 산업통상자원부, 서울연구데이터서비스, 한국일보, 동아일보

ISBN 979-11-93800-00-3 63320
값 13,000